痛苦可以分享嗎？

不以愛與正義之名消費傷痛，讓創傷者與陪伴者真正互助共好的痛苦社會學

고통은 나눌 수 있는가

고통과 함께함에 대한 성찰

嚴寄鎬 엄기호 지음

黃子玲——譯

導讀

痛苦之人，需要的是「連結」

留佩萱（美國心理諮商博士、執業諮商師）

剛拿到《痛苦可以分享嗎？》這本書的書稿時，我心中非常驚喜——這個社會不喜歡談論痛苦，而這裡卻有一整本書在講述痛苦。

經歷痛苦是人生的一部分，你的生命中可能會發生各種事情，將你本來運轉得好好的世界擊碎，像是書中描述宣雅經歷丈夫破產後消失、在熙經歷媽媽身體衰退後整個家的崩垮，或是其他書中舉的例子像是配偶死亡、戀情被背叛等等，不僅如此，其他經歷像是婚姻不睦、身體健康亮紅燈、財務困境、失業、經歷創傷事件、被歧視與壓迫……在人生旅途上行走，我們不可避免會經歷這些帶來痛苦的事情。

但是，這個社會卻不太談論痛苦。作者提到韓國社會長期壓抑講述痛苦的需求，我觀察到台灣社會也是如此。這個社會提倡「正向思考」、認為展現負面情緒就是「軟弱」，尤其對於男性來說更是如此，如果展現脆弱面就會失去社會定義的「男子氣概」。

而當許多人都在經歷痛苦，卻又不談論痛苦時，會發生什麼事情？

不僅痛苦，還更孤獨

身為一位心理諮商師，我碰見許多正在經歷痛苦的個案，除了他們各自要面對的痛苦事件外，他們也很孤獨——不敢分享、沒有人可以談論痛苦、認為展現脆弱是一件很丟臉羞愧的事情，或是分享後卻遭受別人的評價與指責，讓他們更開始孤立自己，在孤獨中承受痛苦。

我也觀察到，社會大眾其實並不太知道該怎麼幫助正在經歷苦痛的人，我有許多位個案都提到，當他們分享痛苦時，身邊的人卻跟他們說：「這沒什麼大不了的啦」、「想想看還有人比你更悲慘」、「要往好處想」，作者在書中也寫到幾個非常真實的例子，像是在熙媽媽在表達自己身體的痛苦時，大家「安慰」媽媽的方式是去比較痛苦，告訴媽媽「有其他人身體狀況比你更糟」、「到這個年紀就是會經歷這些、這很正常啦」，或是書中當宣雅在小組分享自己對於丈夫的情緒時，卻被大家評價：「妳這樣太大驚小怪！」

我們以為試圖將別人的痛苦縮小，那個人就不會痛苦了。但其實那些企圖「安慰人」的話往往帶來更多傷害，因為這些話語傳遞出的訊息就是：「你現在不應該有這些感覺，趕快停止感到痛苦！」

就像作者在書中一再提到，其實痛苦很難用言語表達。我猜想我們可能都有這樣的經驗——在經歷痛苦時，不管怎麼說或是怎麼寫，好像這些語言或文字都無法精確描繪出心中痛的感受。當我們用僅有的語言表達痛苦，而對方卻試圖把我們的感受縮小，當這些痛苦無法好好被聽見與被看見，就只能繼續咆哮捍衛自己的存在。所以我看到書中在熙媽媽不斷抱怨、埋怨、指責孩子，這些行為很令人難受，但我也看到這些行為的背後，是她的痛苦在試圖吶喊著：「我在這裡，請看見我！」

痛苦需要的不是回應，而是連結

在這本書中，作者解釋，經歷痛苦的人沒有語言、也無法聆聽其他人的回應，所以常常造成經歷苦痛的人覺得「根本沒有人懂我」、周遭的人不知道該如何回應而感到氣餒受挫，然後雙方關係開始產生裂痕、累積憤怒與怨氣。

的確，沒有人可以百分之百懂另一個人的感受，因為每個人都不一樣，就算我們都經歷類似的事件，我們的感受也會不同。但是，就算無法完全「懂」另一個人的感受，我們也可以試著提供一個空間，讓對方的痛苦可以舒展開來。

從諮商個案的經驗中，我也慢慢理解到，或許，正在經歷痛苦的人需要的不是回應或對話，痛苦的人需要的是連結——一個由人與人連結支撐起的空間，讓痛苦可以真真實實地被看見、被理解。

這個社會覺得痛苦就是不好的，所以當面對正在經歷痛苦的人時，我們會認為自己必須要做些什麼讓對方的痛苦消失，但是，我們可以試著用另一種新的眼光看待痛苦——痛苦是人生的一部分，每個人都會經歷，我們不需要試圖去改變對方的痛苦或情緒，我們可以做的是陪伴，撐起一個安全的空間，讓每一個人的痛苦可以出現。

面對痛苦不是一件容易的事情，所以我也看到許多人使用「防衛機制」去阻隔感受痛苦。「防衛機制」是任何讓人不用去感受情緒的行為或是想法，書中作者舉例，很多一般人面對痛苦的方式都是防衛機制，像是拿別人的痛苦開玩笑、抱怨、譴責人、消費痛苦，或是書中提到的「黑粉」行為，這些都是防衛機制，讓我們不用去和自己與別人的痛苦相處。

邀請你，開始正視談論痛苦

這本書作者描述了好幾位經歷痛苦的案例，書中的每一位人物，都在用自己的方式面對痛苦，每個人都盡力了。而我也要邀請你，一邊閱讀的過程中，去覺察自己冒出哪些情緒和想法。很有可能，你發現內心出現評價的聲音——評價書中人物這樣做對不對，或是你可能會出現不舒服的情緒。

當然，有這些不舒服的感覺時，可以停下來休息一下，再繼續閱讀，但是我想邀請你花一點點時間觀察這些評價和不舒服。這些評價和情緒，正是為什麼我們不喜歡去感受或真實地談論痛苦，因為要面對痛苦真的很不舒服啊，去評價指責人比較容易！

但是痛苦一直都在，我們也都會經歷，從這本書開始，讓我們可以開始練習好好去看見和談論痛苦。

自序

致台灣讀者

很榮幸能夠為《痛苦可以分享嗎?》台灣版寫序。對我來說，台灣是一個非常特別的國家，二十年前，當我開始參加國際人權組織運動時，第一個參訪的國家就是台灣。在那之後，我又再度探訪台灣上百次，這次因為自己的書而有機會再次與這個小而美的島嶼產生連結，我真的非常高興。

這本書的寫作目的，是揭示痛苦身旁的旁觀者所位處的境地。到目前為止，市面上和痛苦有關的書籍，多半是針對痛苦的當事人所寫，這些書籍非常清楚地凸顯了痛苦具有多大的破壞力，也讓我們知道，身陷痛苦的人到底正在經歷些什麼。

然而，當我閱讀這些以痛苦為焦點的書籍時，往往會不由得感受到這個焦點的「周圍」，是被陰影所覆蓋的存在。閱讀因癌症等絕症而受苦的人所寫的文字時，我會想起在當事人身旁照護的親朋好友，以及專業看護等人的模樣；從社會慘案受難者所寫的文章中，我則可以看到和我一樣從事人道關懷運動的夥伴們，他們的影子。

我的父母也深受老年疾患所苦，從和手足一起照顧父母的個人經驗開始，到和夥伴一起從事人權社福活動的工作經歷，我在在感受到，有一群在受苦者身邊守護的人們，需要有個人來說說他們的故事。在這本書裡，我將其稱之為「痛苦的支持團體、支持團體的痛苦」，在我看來，這個部分是相對被痛苦本身所掩蓋了的故事。

我在這本書裡所關注的，並非痛苦經驗本身的特徵，而是痛苦所製造的「關係」的特徵。我想瞭解，痛苦這種感受究竟和其他的人類情感有什麼不同，才導致了關係的破滅。為此，我從很久以前便從自身開始分享與聆聽周邊親友的故事，乃至於遭逢社會變故的人們所經歷的遭遇。

他們的故事總是有著相似的內容。侍奉失智症父母的子女，偶爾會忍不住對父母呼喊道：「打我也好，拜託想起我是誰吧！」而扶助受害者的支持團體也會說：「我們每天被人交代要好好聆聽，但現在也希望他們能回頭聽聽我們想說的話。」

支持者所承受的痛苦中，存在著破壞彼此互動的性質，雖然有些受苦者與其支持系統的關係可能是例外，但大多數受苦者和陪伴者的關係都是單向性的。或許因為愛，又或許是因為照護責任，使得受苦者身邊的人不得不單方面聆聽訴苦或給予尊重，但因為痛苦會破壞關係，久而久之，便消磨了陪伴者單方面的情感，導致關係的結束。很多時候，支持團體便會產生自己成為「背叛者」的罪咎感，陷入自責的痛苦中。

那些陪伴社會事件受難者的人也是如此，陪伴者常常認為因為自己平安無恙、不是受害者，便總是小心翼翼避談自己所經歷的痛苦，以免喧賓奪主。即使當事人對他們說了粗魯或極具攻擊性的話，他們也會同情當事人，認為對方是因為受了苦、迫不得已，才有如此的舉動，輕易諒解對方。即使最後逐漸厭倦了，甚至得了身心疾病而退卻、消失在受苦者身旁，也仍會責怪自己為何不能堅持下去。

他們留下的空缺，最後會被其他社會運動者所占據，目睹這種現象反覆發生的我，總是想問問這樣消費他人是否正當；以及，當這些運動工作者在支持痛苦的當事人同時，是否也能以支持當事人的名義，正視支持團體的痛苦；又或是，這些支持團體的周邊，是否也有個誰在那裡支持著他們呢？我總覺得，就如同痛苦的受害者身邊需要有人陪伴一樣，支持團體也需要有人結伴同行才是。

台灣的經歷和故事，對我發展這方面的思想影響甚鉅。關於受苦的當事人，以及在他們身旁守護的孤獨，蔡明亮的《愛情萬歲》這部電影讓我印象深刻。還記得電影的尾聲，女主角美美在黎明時獨自穿過公園，坐在長凳上痛哭失聲，此後，每當我在聆聽和分享關於痛苦所帶來的絕對孤獨時，都不自覺地想起這個場景。

但那並不是結束，當人們看到美美在這個場景中的寂寞時，並不會默默地下結論，說她是一個孤獨的人，因為這種孤獨可能破壞的「人與人之間的交流、同情共感」，也可能隨時發生在觀看這個畫面的你我之間。人們會感受到一件事，亦即「不是只有我寂寞，你也非常寂寞」。我在這本書裡，將此稱為「痛苦」變成「寂寞之苦」的瞬間，這也是為什麼我說痛苦身旁的陪伴者也需要支持團體。

在其他方面，台灣對我來說，也是一個能夠帶來很多啟發的地方，雖然韓國和台灣的歷史經歷非常相似，但我們在歷史的轉捩點上做了截然不同的選擇。我們有許多雷同的歷史，從日本的殖民時期、獨裁政府的長期統治，到後來的民主化進程；台灣有二二八事件，韓國有光州事件。其餘像是貪污、公安事故、政治人物的無能和經濟緊縮所帶來的各種附加效應，也都頗為相似。

但奇怪的是，台灣每次都做出了與韓國不同的選擇。台灣麥當勞在二〇一六年推出的廣告便說明了這一點：一名男同志在麥當勞向爸爸出櫃了，他在麥當勞的杯子裡寫著「我喜歡男生」，起身離開位置的父親不久後回座，在那杯子裡寫道：「我接受你喜歡男生。」同時，台灣也剛成為亞洲第一個允許同性婚姻的國家。

韓國和台灣有相似的歷史經驗，也是受到儒家文化影響很深的社會，然而，在韓國看起來不可能發生的事情，在台灣卻發生了，從這個角度來看，相當耐人尋味。當然，我們不能單憑這點就說台灣的人權意識比韓國成熟，據我所知，也曾有人批判，在必須走出與中國不同的道路、才能把自身立足點正當化的當今台灣，正在將少數族群的人權與民族主義的政治推上檯面，也許這反而壓縮了公民社會的空間，也說不定。

痛苦及其周圍，以及圍繞著它的政治和戲劇等元素，在韓國和台灣看似相似的背景之下，各自發展，然而相互學習和瞭解彼此之異同，將有助於兩個社會更加認真且堅定地處理苦難和周遭衍生的問題。我希望，這本書多多少少會對這條道路的發展有所幫助。

前言
「關於痛苦」的故事是如何產生的

當我開始參與國際社會工作組織之後，才發覺「面對」痛苦是件難題。說到社會工作，其實也常是面對受害者、為其處理痛苦的苦差事。不管到哪裡，與受害者見面、聆聽他們的苦衷，都是這個任務的優先要務，而在聆聽他們的故事時，絕對免不了的，就是當事人眼淚潰堤、聽眾為之沉默的場面。

受害者總在講到激動處落淚，若不哭泣，就無法表達自己承受過的苦。那個瞬間，聽眾在痛苦的絕對性之前也只能靜默，因為這樣的場面就是有種無法打破的令人敬畏之感，使得聽眾不得不用無聲來回應受害者所經歷的殘酷，和那些苦熬過來的歲月。那就是我們社工所能做的。在沉默的瞬間裡，空氣間流動著和那段短暫時間的連結與共鳴，無法用言語言說的情感超越語言，在人與人之間成為紐帶、產生迴響，這就是痛苦的力量。

從這種場合回來時，社工工作往往會變得更熱烈：為了把這種場合的痛苦傳達出去、藉此解決受害者們的痛苦，需要把人聚集起來。當時我相信，只要給人們觀看痛苦的強度和破壞力，就能引發人們的惻隱之心，使大家立即付諸行動，與受害者同在。那時我認為，讓受害者們展示自己承受的折磨有多致命和強大，也是種解決和定義痛苦的方法。

起初我對此深信不疑，認為這是正當而充滿正義感的行為。然而隨著時間過去，我對這些活動的大部分都產生了問號，而這些問號都來自於：「用強調痛苦來解決痛苦，這件事是否正確呢？」撇開這點，我也開始反思，把還在承受痛苦的人邀來、請他們證實己身之痛，這件事在道德上是否正當？即使當事人表明能夠自行承擔「作證」時的痛苦亦然。

「證言者」的話語該如何被理解，也是問題之一。一般而言，這種活動由三階段的流程組成：第一個階段是針對痛苦的證言；第二個階段是專家學者及社會工作者聚會討論；最後一個階段則是聚集所有與會者、在現場為痛苦本身創造一種論述，並公開發表，接著做出「我們將展開相關行動」的政治性宣言，最後結束集會。

在這種討論架構下，無論證言者的發言本身有多好，都仍會被認為是需要等候專家解析的素材。儘管專家謹慎地強調證言者的發言本身已經具備足夠的解釋力，受苦者的證言還是常被視為鋪墊在專家解說下的「裸資訊」，也因此，「專家們究竟有何權限來解析這些證言？這些解析又從何取得正當性？」這些疑問會時不時在分享痛苦的活動場合攪亂一池春水。

還有另一種完全相反的問題——當證言者宣稱自己的發言具有絕對性——某些證言者會認為自己的敘事脈絡完美無缺，因此他人必須聆聽這些話語，且只能用這些話語本身來分析，拒絕一切外來因素的介入。除了某些證言者會自己主張發言的絕對性之外，還有些人則是受到現場知識分子的影響，才做出這樣的聲明。但無論如何，這樣的狀況，都使得其他與會者成為單方面聆聽的人，而非對話的對象。

這對以發言者的證言為核心、將人們聚集起來，並打算發起社會活動的工作者來說，簡直是打結的線頭。究竟該怎麼做，才能讓人們對痛苦的絕對性產生共鳴，而非打著正義之名，行展示消費痛苦之實呢？又或者，該怎麼做才能使發言者的證言不至於成為專家論點的墊腳石，而是能藉發言本身創造出一種雖不完美、卻能闡述痛苦的全新語言呢？究竟該怎麼樣才能在那種分享場合實現上述目標？——簡直是不可能的任務。

然而還不僅只於此，在這份苦惱背後，還有一個更大的問題，而它往往就發生在證言者使盡力氣發言、和與會者產生共鳴，並且大家一起產生政治性的共識之後；換句話說，也就是與會者離席，或證言者回到自己的場域之後，才會發生的問題。當發言者講述自身經歷的痛苦，而這些痛苦使其他人產生共鳴時，發言者可以藉此獲得莫大的力量，然而當他們再度回歸孤獨時，往往免不了自問：「這份痛苦過去了嗎？」

感覺到痛苦並無止境、永不可能結束，這種情感就是與痛苦的深處緊緊相連、被稱為最深的絕望的痛苦。這種層次的痛苦將以外在的形式延續下去，因此深陷痛苦中的人只有一個心願：終結痛苦，而不是藉由痛苦找出活著的意義，或是創造闡述痛苦的語言，他們說：只要痛苦可以結束，一切都能過眼雲煙。

還有什麼事比沒有止境還絕望呢？經歷著痛苦的人都一樣在這份絕望裡掙扎，不僅是人權活動現場的痛苦如此，所有的痛苦都相去不遠。無論是社會關係所帶來的痛苦，或是肉體疾病所帶來的痛苦，最令人們覺得恐怖和絕望的，就是這些苦痛很可能不會有盡頭。

人們不是一開始就感覺到沒有盡頭的。一開始遭遇痛苦時，人們會想從中找尋意義、學習些什麼，不管這是神的意圖、生命的意義，還是克服痛苦的力量……人們總會努力透過這份痛苦，讓自己成為更進化的人，還覺得透過痛苦的結果可以誕生出某種嶄新的事物。在此階段，人們往往會非常不適切地用懷孕生產來比喻痛苦，因為有結束才有新生。

然而絕大多數的苦痛都不會一次結束。有些痛苦的破壞力之強，將使痛苦本身持續下去；有些痛苦則會在當事人以為結束的瞬間又反覆顯現，即使當事人嚷著「再也不要找上我了！」，自認已揮別了它，那份痛苦的感覺卻仍會找上門來。這是因為，尋找痛苦的意義並從中學到些什麼，這件事屬於當事人的內在思考過程，然而，造成痛苦的原因卻大多來自外在因素。正是因為沒有徹底剷除外在因素，才導致問題反覆發生，即使當事人表示原因已被屏除了，相同的問題卻不免再度來襲。

當以為總有一天會結束的痛苦反覆出現，痛苦便將毫無價值和意義可言，因為意義來自於有結束、有起點的事情上，要從永無止境的事物上找到意義，除非得道升天，否則近乎不可能。無論思考了多久、努力了多久，在永無止境的絕望中，人們再也不會想要思考，也不再想訴說這件事，因為無論怎麼想、怎麼說，都不會有答案。

不過，在這個階段就能夠停止思考痛苦的人並不多。深陷痛苦的人幾乎都曾說過類似的話：再怎麼想都是徒勞，乾脆連想都不要想，該有多好。但弔詭的是，人們反倒不能遺忘那份糟糕的思緒，它們時不時鑽進腦海裡，讓當事人痛苦不已，即使暫時擱置不管，也仍像甩不掉的口香糖緊黏在身上，讓人內心翻攪。當然，有時可以做點別的事情分心，但也是一時的，大多時候還是會回想起那個念頭。因此受苦的人唯一期盼的，就是中斷思考，也因而只想陷入沉睡。睡著時最幸福，睡醒時最痛苦，而這令人厭煩又永無止境的悲慘還會不斷反覆下去。

❖

有些事必須說在前頭：痛苦，它的本身、原因、過程，以及如何去處理痛苦的問題等等，這些不是我主要想討論的，也不是我有興趣的事。如果你正在承受自己無法承受的痛苦，最明智的選擇，還是立刻接受身心科的諮商和治療。自己一個人反覆思考一百次：「我為什麼會這樣？」並不會得到答案，反而會讓狀況惡化。刻意嘗試安撫自己的心靈，這件事也很危險。如果旁人想代替身心科醫師、假裝自己是專家，要你「快去諮商或吃藥吧！」那更是沒有什麼事比它更危險的了。

我更關注並擔憂著的，是正在承受痛苦的當事人，他們周邊的世界。這些承受痛苦的人，究竟透過什麼樣的話語與其周遭的世界溝通？或是，如何在無法對話的情況下，和身旁的人打造了共同的世界——抑或是摧毀了和哪些人共同的世界?更準確地說,透過痛苦的當事人所能使用的語言,能夠在我們的社會中打造出什麼樣的世界呢?透過那種語言,應該不可能打造出什麼世界,而大概只能摧毀世界,不是嗎?

在社工現場,我多次因為看到受苦的人——包含承受肉體痛苦的人——和其他參與者建立關係的方式而感到驚訝。受苦的當事人看到那些能將問題傳達給社會,或能為其解決痛苦的人出現時,無論如何都會盡力發聲、哭訴、感謝大家願意聆聽他們的苦衷。這是理所當然的,因為解決問題的確是優先要務。然而和陪伴在側的親友談話時,他們往往會開始吐露截然不同的內容。當然,他們平常也會感謝身旁的人、覺得身旁有人陪伴很安心,但酒酣耳熱之際,便開始發牢騷:「你們都不懂我的痛苦!」類似的話,頻頻脫口而出。甚至經歷過類似痛苦的人之間,也是如此。「雖然我們在同一個處境,但我跟你還是不同的。」這些話常常演變成口角。

承受肉體痛苦的人也差不多,在和他們見面聊天時,我見識過好幾次同樣的事情。他們會專心聆聽醫師、專家的話,並且表示:「如果早點認識您就好了。」但對在旁服侍的親友卻抱怨:「不管怎樣,你就是不懂我的痛苦。」

認為痛苦無法言說的我,知道那句話本身所隱含的情緒多麼深切,也很清楚他們之所以不會對專家學者說這種話，反而只如此對待周遭陪伴者，是因為他們相信並倚賴身旁的人；同時我也知道，這是因為陪伴者不像專家學者只是暫時停留，而是必須一起度過漫長日常的存在，所以陪伴者往往也會說：「沒關係啦，又不是一兩次了，他也是太孤單才這樣嘛，就是因為倚賴我才會講內心話呀……」

然而「久病床前無孝子」不只是傳統家父長制度下的一句俗語，受苦之人如果自我深陷其中，周圍的人也會跟著崩壞，更不幸的是，這往往會以愛和正義之名被放大。

自我深陷其中，指的是當事人忘了如何在聽到他人的話語時，對發話者做出回應。語言是創造世界的工具，我們會透過聆聽他人的話語並做出回應，來建立、維持對方與自己的關係。透過對話來建立有意義的關係後，在那關係裡，我們與對方不會離開，這裡就是我們共同的家園，亦即我們的世界。語言就是打造這個共同家園的工具。

想要如此這般地用語言來建立世界，最重要的事就是「應答」。所有的話都可以是應答，針對某個人的表情、狀態所做的回應，就能展開一段對話。當對話展開時，聆聽的人也能針對那番話加以回應，所有的對話都期待著連結於其後的應答。也正因為有人回應，對話才得以成立。但因為痛苦而深陷自我的人，喪失的正是這種回應的能力，儘管他們比誰都渴望回覆，但卻無法期待回應。這件事對承受著痛苦的人來說，真是最大的絕望和矛盾，所以他們才會明知有些話語會造成無法挽回的局面，卻仍自顧自地吐出「你不懂我的痛苦」這樣的字眼。

那麼，在身旁的陪伴者又是如何？他們不能期待受苦的當事人有所回應，同時卻仍需要聆聽他們對自己所說的內容；即使自己對這些話語做出回應，卻仍無法聽到針對這些回應的答覆。長久下來，他們每次感受到的，會是自己針對某段對話所做出的回應和對方的應答完全牛頭不對馬嘴。如此一來，即使先不管對話失去意義的問題，光是還得繼續待在聆聽的位置──也就是受苦的當事人身旁，對陪伴者來說，就是最大的絕望和痛苦。也因如此，當他們聽到「你不懂我的痛苦」這句話時，時常引發關係的破裂。

在本書的第一部中，我將用「經文／咒語」這個詞，來討論受苦之人所使用的語言為什麼無法被期待回答、也無法做出相對的回覆，並在最終造成關係的破裂。當然，對深陷痛苦的人來說，咒語是必要的，我們不能對此視而不見。大部分的宗教之所以都有咒語，原因在於，當人們對某件事澈悟之前，咒語是協助人們度過澈悟過程的「權宜之計」，能夠協助一般人度過難熬的過程。無論是「嗡嘛呢叭咪吽」之類的咒語，或是數算佛珠，這些透過反覆施行來幫助人們熬過痛苦的方式，就是經文。

不過要注意的是，當權宜之計變成解決問題的主體時，就會造成一發不可收拾的破壞。換句話說，就是所謂的「物神」＊。成為物神的咒語雖然可以讓人暫時忘卻痛苦，卻不能讓人打起精神，反而使人喪失更多意識，成為咒語的奴隸。咒語會妨礙人們徹底瞭解痛苦終究無法言說的事實，非但不能讓痛苦之人發現自己有人陪伴並感到感激，還會讓痛苦之人指責陪伴者沒有一起參與誦唸咒語的儀式。這麼一來，無論是正在受苦的人，或是身旁的親友，都會一起陷入不可挽回的困境。在第一部裡，我會描寫咒語所製造的殘酷景況。

我希望大家不要誤會，這不是深陷痛苦的人所「使用」的語言，而是「被置放」在痛苦旁的語言。雖然這些話都是受苦的人說出來的，然而，這些語言往往是被社會刻意地擺在他們身邊。因此需要被提出討論的，不是受苦之人背誦經文的事實，而是這個社會除了貧瘠的咒語，並沒有提供機會讓處於痛苦的人能夠獲得其他語言（包含沉默）。這使得除了背誦咒語之外，沒有其他抒發管道的他們，只能被迫展示、消費痛苦。

第二部，我們將試著瞭解痛苦如何驅動這個社會的政治和經濟。當社會只專注在痛苦的悲慘層面上，受苦的人就必須透過展示這份悲慘，才可能獲得社會關注。如果當事人不這麼做，便很容易被社會遺忘，成為承受煎熬又毫無存在感的幽靈。要等這些幽靈死了，才能多少被社會察覺，這個社會就是如此殘忍。正因為如此，他們不得不對外強調、展演痛苦的悲慘和淒涼，唯有那些承受痛苦又懂得表現的人，才能好不容易獲得被社會關注的機會，這就演變成社會的政治和經濟了。

最可惜的，無非是這些狀況發生在受苦之人正要開始講述自身痛苦的時候。韓國社會長期壓抑人們述說痛苦的需求，人們批評痛苦者是丟臉的、懦弱的，使得大眾自然想掩飾己身之苦，不願加以表現，更別說創造合適的語言。於是，他們就在「沒有語言」的狀況下繼續承受非人之苦。

如今，深陷痛苦的人開始會說：「沒有痛苦的狀態並不代表『正常狀態』，痛苦原本便時常與我們同在。」從大眾對於人與社會的基本概念已開始轉變的時間點來看，人們開始討論痛苦這件事，也是非常好的觀念轉折點。當痛苦的故事被彙整之後，能促使我們的社會不再迴避痛苦，或壓迫受苦的人、將他們逼出社會場域，反而能聆聽並回應這些隨時隨地可能發生的

＊ 譯註：物神，有咒力而被當成偶像、神器崇拜的物品。

痛苦。

然而事情並沒有這麼簡單。當社會上仍然盛行扛著愛與正義大旗的行為，結果將導致痛苦的因應策略更加困難。當承受痛苦的當事人為了在社會上生存而展示自己的痛苦，同時口中喃喃唸誦著經文時，他們周遭的一切將更加快速地崩壞。因為他們期望周遭的陪伴者能成為什麼也不是的存在，只是默默在一旁等候，他們甚至可能用「對淋雨的人來說，最好的夥伴就是一起淋雨的人。」這類話語，將自己的行為道德化和合理化。

在他們這種美學和道德化之下，身旁的人就只是存在著罷了。顧名思義，就是在眼前看得到的存在而已，要懂得聆聽那些不能期待有回覆的話語，要懂得回答那些不能期待有答覆的內容。如果說，受苦的人透過展示痛苦以避免成為幽靈、讓自己至少能在社會上存在著，那麼，所謂的陪伴者或照護者，恐怕只能以愛與正義為名，正式以幽靈身分存在了。於是他們也成為了痛苦自身，就這樣，痛苦的人強迫著身旁的人，讓狀況從「一切都還沒結束」變成「一切都結束了」，陷入萬劫不復的境地。

面對這樣的局面，該怎麼辦呢？讓我們再次思索「社會」這個詞彙吧，而這和以往我們對「社會」這個詞彙所寄予的期待是相反的。支持陪伴者，和支持受苦的人一樣重要，要讓陪伴者也能夠撐下去。假使這些人再也熬不過去了，也得為他們保留安全下莊的後路。除此之外，為了不讓痛苦的人因陪伴者倒下、退出繼而產生罪惡感，社會必須先準備好照顧受苦者的措施，避免讓陪伴者單獨承擔，也不至於讓陪伴者的生活遭到破壞，這才是社會應該扮演的角色。

為了促成這樣的社會，當然需要妥善訂定社會政策，協助痛苦的人與其身旁親友。雖然擬定政策超出我的能力範圍，並非我所能下定論，但我可以針對陪伴者的意義和陪伴者需要的支援來做說明。

理想而言，陪伴者所扮演的角色，就是協助受苦者，讓他們能夠在自己所承受的痛苦旁邊站起來。因為受苦者的外在多半已經崩壞，陷入自己布下的困境中，對這樣的人而言，身旁的人代表著能夠證明「一切尚未完全結束」的希望。

陪伴者能幫助受苦者脫離稀稀落落的咒語，發覺自己還有位置可以回去，且應該為了返回那個位置，創造適當的語言。那個念頭可能是突發且轉瞬即逝的，但如果事情發展得足夠順利，也許，受苦者就能透過陪伴者的存在，讓自己從黑洞裡走出來，在自己的身旁重新站起。

為此，受苦的人應該做的，並不是去展示或消費看不見的痛苦，而是要在痛苦旁邊說出話來，並且試著不以愛和正義之名，去剝削或消費身旁的陪伴者。我們要瞭解到：痛苦的旁邊並不是聽故事的位置，反而是能夠創造「和痛苦有關的故事」的位置；它也不是語言被破壞之處，而是既需要語言，也能夠創造新語言之處。於此脈絡下，在第三部中，我將說明，為什麼痛苦的旁邊就是能創造故事的位置，以及為了創造故事，我們需要動員什麼事物。

❖

寫這本書時，我讀了很多書籍，也從很多人身上聽了許多故事。其中，史碧娃克*的文章〈從屬階級能發聲嗎？〉（Can the subaltern speak?），打開了我對「痛苦是否能被述說？」這個課題的思考。我在從事社工工作時讀到這篇文章，當時，我將裡頭所提到的從屬階級（底層主體）視為「承受痛苦的位置」，以此解讀內文。在那個時期，我看到不得不哭訴的受害者時，總是會對「話語」和「聲音」的概念差異感到苦惱。

在這段時期的工作裡，某種浪漫的思潮也開始或多或少地發酵：底層主體所說的話語，不只是供給專家名人分析及解說用的「基礎材料」，這些話語本身就具備足夠的驗證力，內容也很充分。不過雖然這個思潮一開始頗顯積極正面，漸漸地，我卻開始也對此感到懷疑，畢竟，當時我已經感受到一個事實：承受痛苦的當事人，未必都能將自己的狀況陳述得清楚明瞭。

之後，就像許多思索痛苦這件事的人都會提到的：奧斯威辛集中營倖存者的故事成為最重要的參考案例。儘管許多人自己也曾經歷痛苦，然而，當其他人想瞭解這些人對於那些仍歷歷在目但不太現實的痛苦有何看法時，他們的說法卻和一開始的故事極為相似。普利摩・李維（Primo Levi）、維克多・弗蘭克（Viktor Frankl）和讓・埃默里（Jean Améry）的作品這麼寫道。我認為，揭示這些書籍中的某些小節如何帶來啟發和引用，是很失禮的，這些書籍從根本面來討論痛苦創造出共鳴的可能性、他者將受苦者的發言濫情化和神祕化、超越痛苦的可能性等議題，因此我認為，這些書皆須被完整地閱讀和引用。

在韓國從事社會工作、年紀漸長的我，也開始留意身邊的人日常發生的痛苦。在這過程

---

* 譯註：史碧娃克（Gayatri Spivak, 1942- ），印度學者、女性主義理論家，也被公認為當代最具有影響力的後殖民主義學者。

中，為我帶來最多啟發和教誨的，當屬鄭信鎮[*]和權金炫泠[†]等人。鄭信鎮透過論壇不畏艱難地多次提到，透過痛苦來說明「關係」和「溝通」是很危險的，同時她也巧妙呈現承受痛苦的人是如何把那些問題變成自己的問題，一邊苦撐、一邊慢慢自我毀滅。權金炫泠同樣長期研究痛苦議題，在《參與更進步的論爭之權利》中所收錄的〈性暴力曝光後的新問題，走過受害者化的階段〉這篇文章，與本書主旨有諸多重疊之處，我從她這篇文章以及其他著作中，學習到痛苦和受害應該分為兩者來談。

除了以上著作之外，還有其他關於痛苦的文字創作。《正午惡魔》[‡]或是《在一個病弱的身體內生活》[§]都很有幫助，不管是正在承受心靈或肉體痛苦的讀者，都能更瞭解痛苦，以及正處於痛苦的自己。尤其是《正午惡魔》，我認為沒有任何形容可以超越本書中安德魯·所羅門（Andrew Soloman）所做的比喻。他將承受痛苦的人形容成纏繞在植物上、枯死的藤蔓，雖然已經死亡，但纏繞於枯枝的型態卻仍舊存在。從這個章節中，我體會到一件事：承受痛苦的人已非痛苦的主體，痛苦才是。

在寫這本書時，我時常思索關於「痛苦的主體並不是受苦者，而是痛苦本身」這件事。去理解「受苦的人不得不這麼形容痛苦」，以及「述說痛苦就是必須如此」，是兩件完全不同的事情。身為一個總是相信文字能捍衛人類、照亮社會黑暗的人，痛苦的問題總讓我困惑，特別是當我們用痛苦的展演來呈現痛苦的時候。換句話說，以某個痛苦的場面來再現痛苦時，便可能會從捍衛受苦的人轉變成捍衛痛苦本身，原先的美意反而成了錯誤。

我在這本書的「參考書目及其雜感」章節中，收錄了我在研究痛苦這個主題時，所參考的書籍。除此之外，我還從《個人的發現》（*Die Entdeckung des Individuums*）等書籍和其他文章中，獲得寫就本書的靈感。不過，當然了，我在寫這本書時，虧欠最多的，還是那些鼓起勇氣向我訴說的受訪者們。對於依然懷抱著希望、以為可以用文字來打造新世界的我而言，那些將

---

* 譯註：鄭信鎮（諺文：정희진），韓國女性學者，和平研究家，出生於首爾。畢業於西江大學宗教系，並在梨花女子大學研究生院學習女性研究。從西江大學畢業後在「韓國女性轉化協會」（Korean Women's hotline，http://hotline.or.kr）上擔任五年全職工作者，曾在大學、民間組織及工會組織講授婦女研究，並擔任過各種婦女組織的顧問和專家委員會成員，目前是韓國綠黨成員。

† 譯註：權金炫泠（諺文：권금현영），女性主義研究活動家，曾編著《韓國男性分析》、《我的房間一二》、《男性和性別》，曾在各大學教授「性別與政治」、「大眾文化與性行為」、「女性主義精神分析」等科目。

‡ 譯註：《正午惡魔》（*The Noonday Demon*），安德魯．所羅門著，本書為憂鬱症相關著作中的經典。

§ 譯註：《在一個病弱的身體內生活》（*At the Will of the Body: Reflections on Illness*），亞瑟．法蘭克（Arthur Frank）著，此為韓文版書名直譯。

自身故事說給我聽的人，無疑為我帶來了故事尚未結束的希望。因為，只要故事還沒結束，我就會繼續擔任說書人，還有很多未完之事要做。

目錄

第一部·痛苦的地層

關於痛苦的身邊，那荒涼的風景

1.

痛了才知道，我是什麼人——痛苦讓我發現自己

宣雅會找上心理諮商師，是因為覺得活著很痛苦。婚後，她從來沒有感受到幸福，雖然老公不是什麼不好的人，但彼此對結婚生活的認知很不同。老公總是很晚回家，時常和朋友聚餐喝酒。其實老公似乎也不是真的貪杯，自己在家時並不怎麼喝，但和朋友見面時，明知贏不了，卻還是硬灌黃湯。可想而知，宣雅和老公談心的次數屈指可數，她認為老公喜歡朋友的程度更勝於自己。

這可不是宣雅期盼的婚姻啊，她期盼的是和所有人一樣，過著能和老公分享「共同」生活的日子。這個期望對她來說並不特別，宣雅只覺得能夠遇見那種外面常見的、有家庭觀念的老公，一起分享樸實的生活就夠了，從沒想過這樣小小的期盼竟如此難以實現，更沒預料到婚後

將陷入不幸。更慘的是，不幸並不僅止於不幸本身，還一併帶來了精神、肉體上的長期痛苦。

兩人關係破裂的導火線在於宣雅把老公逐出家門。某天，宣雅的老公像往常般醉酒晚歸，宣雅突然莫名其妙地覺得再也無法忍受老公的行為，於是她便表明，再這樣下去，一起生活根本也不代表任何意義了，要老公滾出家裡。幾番爭吵後，老公果真離開了家，之後便維持了好幾個月的分居生活。

宣雅和周邊親近的一位朋友說了自己的狀況和感受，朋友建議她接受團體諮商。不過，這個朋友有此建言，並不是認為問題出在宣雅，而非宣雅的老公身上，而是因為她很清楚宣雅曾在大學時修習女性主義與社會學，也讀過不少相關書籍，對自己身處的問題和狀況有一定程度的認知，可以藉由參加團體諮商的機會培養面對痛苦的能力。在朋友眼裡，宣雅的抗壓能力似乎稍嫌不足。

後來宣雅經常把參加朋友介紹的精神分析團體聚會稱為「上課」。她不把它稱為「諮商」或「治療」，反而是「上課」，這一點讓我覺得十分有趣，因而問了原因。宣雅說，因為她覺得這是「認識自己的過程」，所以才管這個聚會叫上課。從認識自己到學習安撫自己，以這點來看，宣雅所說的「上課」，和希臘人的「上課」概念非常接近。

宣雅說，第一次參加團體諮商的時候，她非常驚訝。原本她以為只要把自己的痛苦說出來，就會無條件獲得眾人的支持，但她沒想到，當自己說出把老公趕出家門這件事時，大家的反應卻意外地非常不一致。現場都是女性，大家各自秉持個人經驗和觀念作為判準，支持宣雅的雖占大多數，但也有不少人表示：「只是這樣而已，有必要弄到趕出家門嗎？」

對話中出現的各種回應，引發了宣雅的好奇心：「為什麼她們會這樣想呢？」以前宣雅認為，應該不會有人對於自己家裡發生的問題抱持不同想法，因為誰是誰非，顯然非常明確，但聽了其他人跟自己相左的意見後，宣雅心中頓時產生疑問：「那我為什麼會這樣想？」既然別人會有別的想法，是基於不同的生活背景，換句話說，自己產生某種想法也是基於某種成長環境吧——於是她開始回溯起自己的人生。

「我當然會覺得自己的想法是正確的，也相信其他人會站在我這邊。因為我非常肯定這件事，所以之前也覺得沒必要去思考我為什麼會那麼想。」回頭去審視內心思緒，對宣雅而言是一段全新的經驗：「有點慚愧，我以前真的沒怎麼好好思考過關於自己的事。聽說大家在青春期的時候都會想很多，但那時我只愛跟朋友玩，就是去吃吃好吃的、痛快地玩樂就滿足了。生氣的話就發脾氣，過起日子完全不思考。參加團體諮商後，我才第一次好好開始思考自己是什麼樣的人。」

雖然不幸的婚姻讓她感到痛苦，但這樣的人生也引領她透過團體諮商發現自我。從那時候開始，對宣雅而言，最重要的事就是「認識自己」。同時，她也很喜歡在認識自己的想法、心情、慾望、心境之後，才隨著這股脈絡去掌握、安撫自己的過程，以前總往老公身上打轉的心也終於能夠找回來，安放在自己身上。她覺得在參與這個「課程」時，真的非常幸福。

當然宣雅也非常清楚，這樣做，並不能挽回和老公之間的關係，這是完全不同層次的問題。但是她仍為了終於認識以前從未認識的自己而感到高興，因為認識自己就表示終於能夠接受自己，也終於能和自己和解。

為什麼遭遇痛苦的不是別人，而是我？

其實遭遇痛苦的人，第一個反應多半是「委屈」。遇到辛苦、疲憊又煎熬的事時，人們往往會先丟出「為什麼非得是我遭遇這種鳥事？」這樣的問題。環顧周遭時，人們往往會覺得，即便有類似遭遇或處境更糟的人，都沒有遇上「唯獨」自己才碰上的慘事，因為如此，身陷痛苦的人們所感受到的情緒中，最具壓倒性的就是「委屈」。

宣雅也是如此。自己沒有做錯事，老公也不是特別差的人，兩人都來自平凡的家庭，平凡地長大；和別的夫妻相比，她和老公的關係其實也沒什麼特別之處，算是相當一般。但為什麼「唯獨」自己要在夫妻關係中承受這樣的煎熬呢？

當然，宣雅靜下心來理性思考時，也很清楚：不是只有自己覺得委屈，大多數的女性想必都感到委屈。但即使她能這麼想，還是無法抹去自己「偏偏」比別人更辛苦的感受。即使理解了帶來這種痛苦的社會性結構和成因，也無法使這份委屈感消失，這份感受便始終在心口盤旋。

為了解開這份委屈的心理，我們必須為自己承受的痛苦定義出價值所在。無論是透過這份痛苦可以讓自己變得更加堅強，或是戰勝痛苦之後能夠找到更好的幸福，又或是大家都得經歷這些事才得以領悟人生……無論什麼都好，只要有價值，受苦就有意義。但可惜，痛苦就只是痛苦，在痛苦裡面，找不到任何意義。

這和患病沒有什麼不同，不，和承受社會性或心理問題相比，遭遇生理上的病痛時，「委屈感」會更強而有力地襲來。當罹患了能夠左右生死的疾病時，人們率先脫口而出的，就是「為什麼是我？」明明沒有像別人一樣糟蹋自己的身體，也有建立保健養生的習慣，但為什麼這種事偏偏就發生在我身上呢？這些疑問常會浮上腦海，而和這些念頭一起出現的情緒，就是「委屈」了。

「委屈」和「後悔」的情緒常常反覆交替：「當時不該那樣做的。」回首過往，其實會發現無數的徵兆——也許原本能避開，也許原本能早期發現，然而，那些徵兆都被忽視了，於是人們對自己當初的無感感到自責。但最重要的是，這裡的「委屈」和「後悔」，就像宣雅的例子一樣，是在找尋痛苦的意義時，不斷反芻自己的人生而被挑起的情緒，有時其實也能幫忙發現自己。

雖然經由痛苦能夠更通達事理，但這一切能有美好結局嗎？

勝宇的例子也是如此。好不容易大學畢業、工作也很順利的他，突然接到一個晴天霹靂的通知。之前，勝宇因為腰痛而到醫院檢查，起初醫生研判是椎間盤凸出，於是他決定進一步進行精密檢驗和診療。沒想到，檢查結果出來了，自己罹患的不是椎間盤凸出，而是白血病，於是被緊急轉往大醫院接受治療。

當勝宇聽說我要去探病時，他固執地拒絕了我。我怕造成他的困擾，便也不打算執意前往，沒想到後來他又改變心意，要求我去。當時的他，可能因為接受化療，免疫力趨近於零，連呼吸都顯得艱難。雖然在韓國最好的醫院住院，他卻不停嚷著：「都是冒牌貨、冒牌醫生！如果有人說要來這裡看病，我一定會叫他們不要來！」他抱怨著，說在這裡病也治不好、疼痛一點也沒減少，「那些人什麼都不懂！」語氣中充滿絕望。

伯母在一旁不停地唱著禱歌，以前從不曾對媽媽大小聲的勝宇突然氣惱地說：「不要再唱了！唱了也不會好啊！聽到這些聲音真的很煩！」伯母降低了音量，用若有似無的氣音繼續唱禱，而勝宇看著那樣的母親，只是繼續吃力地呼吸。

他說，他對人們的來訪覺得厭倦和麻煩，但如果沒有人來，又感到寂寞和怨恨。探病的朋友雖然可以帶來一點慰藉，環繞在身旁、告訴他大小事，然而聽著這些瑣事，也讓他很痛苦。他不明白是大家安慰了他，還是自己附和了他們。但假如誰都不來，勝宇又會在恐懼之下打電話給任何一個人。

從人們那裡聽到的話，和從自己口中說出的話，可說是令人厭煩地不停重複著。勝宇必須對每一個來探病的人說明自己的病況，雖然情況好些時，還有辦法說點什麼，但也不知道好的狀況可以持續多久，因為就連醫生都一直反覆說著需要再觀察看看。

勝宇說，如果可以出院，他想和最好的朋友一起喝巧克力牛奶。那些探完病就回去的朋友可以享受美味，但對他而言，卻成了被剝奪的日常，而和人們的會面，就是再一次確認生活權利被剝奪的虛無時光。他渴望回到以巧克力牛奶作為代表的人生，如果能回得去……

勝宇對我大吐苦水，說他不明白為什麼自己會遭遇病痛。雖然也想相信天降大任必有所指，但內心深處就是不甘心。即使他是虔誠的基督徒、性格也敦厚，但在病痛面前，他卻不停地質問受苦的理由和意義。

幸好第一階段治療成功，勝宇順利出院了。出院後，他做的第一件事就是和父母去旅行，還在社群網站上傳了出去玩的照片。照片裡的他，仍留著因放射線治療而理的大光頭。從那時開始，他對人生意義和價值開始有了不一樣的想法。

勝宇說：也許，在生病之前，我從來沒有認真思考過自己。努力實現自己想做的事，就是唯一跟自己有關的思考了。社會性的欲望很快就變成自己的欲望，而實現那個欲望的過程就叫做「自我實現」。除此之外，他再也沒有深刻地思考過自己是誰、是什麼樣的存在，甚至不曾想過那些「感覺想做的事」是否真的就是自己想要的。

然而，肉體疾病所帶來的痛苦，帶領勝宇走向了完全不同的「自我人生」之路。勝宇對於自己從沒認真想過「自己想做什麼」而感到驚訝。一直以來，他理所當然地接受了「只要是別人想要的，那我應該也想要」的立場——就和成功一樣，但那些其實都不是發自內心，直到聽見「想做的事是什麼？」這個問題時，他才發現，原來自己並不太清楚。他很驚訝，自己（而非別人）丟出了問題，卻不知道怎麼回答，這才知道，其實他從來沒有真摯地為自己著想過。

他的母親在他患病期間總是陪伴在側、安慰著他，避免讓他陷入絕望。她告訴勝宇試煉總是有原因，在他身邊不停地祈禱、唱詩歌，是個很努力撫慰勝宇的虔誠母親。然而住院期間，他卻巴不得媽媽停止唱詩歌和祈禱，因為那樣做，病也不見得會好，而且光聽這些聲音也讓人很不舒服。當時他覺得一切都不必要，只想一個人獨處。勝宇曾對我說過，小時候最深刻的記憶就是被媽媽背著參加凌晨的祈禱會，是個非常虔誠的信徒，也常跟我說要對媽媽盡孝，但身處在痛苦之中，他對媽媽也無法耐著性子了。

接受抗癌治療後，他看著母親，忍不住潸然淚下。住院期間，他覺得周遭的一切都不能幫他打倒病魔，只有少許輔助，媽媽也很讓人厭煩。但如果不是媽媽，大概沒有人能如此陪伴他；還有每天工作結束後，馬上到醫院和媽媽一起祈禱、再自己回到空無一人的家的爸爸。如果沒有他，勝宇大概無法獨自承受這些吧？走過病痛後，他才深刻體會到，一個人無法度過這些煎熬。儘管他曾經覺得世上只剩自己，但其實是因為身旁有默默付出的他人，他才有所依靠，並保有現在的自我。為此，他也對父母表示歉疚和感謝。

除此之外，他發覺自己幾乎不曾和守在一旁的父母出門旅行，雖然常常對彼此說愛，但也從來沒有看著對方的眼睛、和對方一起分享喜悅。所以勝宇一結束癌症治療後，馬上就和父母出國旅遊。他說，這才是真正的人生幸福。「我很感謝，不管在我好或不好的時候，他們總是在我身邊照顧我、替我操心，擁有跟他們共度的時間，就是快樂。」像這樣，有些人不僅走出了「為什麼是我」的陰霾，還重新思考了生命，領悟「自己的本質」。

如果能這樣結束，那真是完美結局。假使能夠因為一次的病痛，就對自身本質有所體會，並享受這番體會所帶來的雀躍，那麼，這份痛苦還算是能夠熬過、值得體驗的經歷。然而，痛苦並不總是以喜劇收場。有的痛苦會在人們以為要結束的瞬間再次反撲；有的痛苦會在人們覺得尚能承受的瞬間，又出現更難忍受的考驗。這麼一來，透過痛苦所感受到的喜悅，自然將於剎那間消逝，於是我們再一次刻骨銘心地發覺：我們曾經自以為領悟到的事理，也不是真理。

痛苦之所以不能在人們有所體會之後便隨之結束，是有原因的。也許一個人比其他人更敏感、更激烈地感受到某種痛苦，對當事人而言有其特別原由，但造成痛苦的根源卻不見得來自當事人。正如同宣雅痛苦的根源，不是來自於她的生活經歷或個人特質，換句話說，我們無法從宣雅的生命歷程中得知，為何在面對特定問題時，宣雅的態度會和他人不同。

這只是認識自己的過程，是在瞭解自己面對問題時，會用什麼樣的方式解決、學習面對自我而已，並不是一個找尋痛苦發生的原因並加以剔除的過程。弄不好的話，很可能會產生錯覺，將痛苦的理由當成原因，以為可以透過管控自己來剷除痛苦的發生。在這種情況下，也很常見到當事人不能好好看待痛苦本身，反而對自己窮追猛打，壯大了痛苦的根源；而沒被鏟除的根源大多會惡化，變成當事人更無法承受的型態。這時，受苦的人對自己的認識基礎，便無可避免地瞬間瓦解了。

2. 你們不知道，我的委屈和孤獨——極度的痛苦會破壞個人的內在和世界

某段時間，宣雅陷入了認識自己的「學習」中。就像在分析別人的人生似的，她將自己問題化，並逐步拆解自己。也因為學習這件事比什麼都讓她快樂，她便不停持續著可以帶來喜悅的這份功課。然而參加小組諮商幾年後，她突然覺得這種自我探索已經夠了，也就是在這時候，其他朋友介紹她佛教禪修，是一個透過冥想和參禪來斬斷我執、頗為正統的禪修團體。

在學習禪修的過程中，宣雅學到了切斷自我的方法：每天固定禮佛一百零八次，在感受到身體的疲勞時，用一種旁觀的姿態凝視這樣的自己。透過禪修，她還學會控制自身情緒，並從過去的經歷中，找到了自己和別人有不同情緒的原因。

這種禪修學習大幅穩定了宣雅的生活。儘管與丈夫的關係沒有改善，但相較於以前總是一

頭陷在和老公的關係中、找尋著幸與不幸，她慢慢可以把人生當成自己的所有物看待，並且獲得了不把所有問題攬和在一起、懂得「分離」困境的力量。處理婚姻關係時，自己的問題是一回事，而自己身上的問題和雙方之間的問題並不相干。在處理婚姻關係的過程中，她終於在自己身上發現了和婚姻關係無關的問題，並瞭解到即使前者解決了，不代表後者也能解決，反之亦然。

然而，宣雅很快便結束了這樣的學習，因為一件讓人難以接受的慘事發生了。這段期間，老公一直不回家的原因突然真相大白：老公事業失敗。為了東山再起，他到處舉債，情況卻更加惡化。債務增加到無法負擔的程度後，丈夫把他剩餘的財產留給了宣雅，之後就銷聲匿跡。

宣雅無法忘記那一天，但事情不只是老公帶來的背叛感。她說自己當時什麼也做不了，一點感覺和想法都沒有，好幾天都失魂落魄地去上班，像個機器般工作。眼淚也流不太出來，回到家、躺在床上，卻怎麼睡也睡不著。儘管沒什麼睡，卻也感受不到累，好幾天裡只想著去死，覺得再也熬不下去，也沒有熬下去的必要。

團體諮商和禪修小組她都不再去了。在這種情況下，她一點也不想再去那些場合，想到只有更痛苦。「還禮佛一百零八遍做什麼？身體都已經因為睡不著而痛苦得要死了，我再苦行、讓自己的身體更痛苦，就能把思緒抽離嗎？去團體諮商又能說什麼？我連去了之後該說什麼都不知道，也不想開口。」

本來以為能夠透過團體諮商和禪修來分離思緒，這樣的信念再次被瓦解了。宣雅心中的委屈感油然而生，而這次的強度更勝以往。之前誤以為只要認識自己，就能控制痛苦的情緒，但這次的委屈感卻是壓倒性的。她無法理解，也打從心裡無法接受，因為「到底為什麼這麼不幸，偏偏遇上這種事？」的答案並不在自己身上，回頭審視自己也就沒有必要了。

這種痛苦是無用的，瞭解自己根本毫無幫助，因為這份痛苦本來就和自己無關，也無須自責。即使偶爾會覺得是不是該及早察覺老公的問題、瞭解他的狀況，但其實這樣做也許也於事無補。整體來說，這些事情都不是當事人的責任，是在他們能掌控的範圍以外所發生的問題，只能說，遇到了就是遇到了。

當找不到任何意義的痛苦襲來

當時宣雅覺得很想死，但理由不僅在於痛苦的程度實在是太具壓倒性，更在於沒有意義。

什麼事情是有價值的？當我們說某件事有其價值，都是在它可以為我們帶來好的成果——也就是某種教誨——能夠以收穫作結的時候。當一件事有始有終、又能帶來某種成果時，我們會說這是值得的。如果痛苦是值得的，那當然會留下一些啟發，並就此結束才是。唯有它以某種教誨的形式助人成長時，痛苦才是有價值的。

但不管怎麼看，宣雅遭遇的痛苦，對她而言實在毫無價值。整件事沒有任何讓她主動應對的空間，她只是被動承受，除了被動承受以外，還得繼續忍受這份毫無意義的痛苦，這件事又是更大的煎熬。此時宣雅幡然醒悟，對人來說，最大的痛苦就是「沒價值」、「沒意義」。繼續承受無意義的痛苦，就是最大的痛苦。

就因為這份無意義的痛苦，宣雅之前透過學習所構築的內在空間，當然也跟著瓦解了。在遭遇這麼全面而具壓倒性的外部痛苦之前，其他比較輕微的痛苦，本來是宣雅與自己對話的契機，但這一回分明沒有任何意義。要對誰說？該說什麼？別說是告訴別人了，就連面對自己，好像也沒有特別需要說什麼的意義。

「我只想沉睡，因為一睜開眼睛又會繼續想。但是想了不會有改變，也根本想不出什麼結論，就算真的有，都是些沒什麼用的念頭。這樣一看，其實思考是最累人的。」因為思考本身沒什麼作用，當早上醒來便會思考這件事，比失敗這個事實更加難熬，宣雅想死的念頭大概就是從這時候生出來的：「因為『想』這件事太累了，所以覺得每天醒來真的好可怕，很想一死了之。」她開始去身心科診所，不是想治療自己的病，而是太想一睡不醒，才去看醫生拿處方。

但宣雅並無法因此向別人傾訴自己完蛋了的心情。面對大部分朋友時，宣雅會因為感到丟臉而說不出口，偶爾講出來時，對方眼神中透露的那種憐憫，也讓她坐立難安。對父母就更不能說了，總不能刺激年邁的長輩，畢竟他們是那種常常關心地問：「為什麼女婿沒來？」一沒見到人就感到失落的長輩們。在宣雅知道生意倒閉前，還會硬拖著老公去娘家，爸爸看到好久不見的女婿，還會眼眶泛淚地抱抱他。

絕對不可以對這樣善良的父母說老公生意失敗逃走，所以每次回娘家都得演戲，裝作什麼都不知道。即使爸媽早就察覺有異，問她是不是有事，宣雅也總是否認，心情糟到幾乎要發瘋。這時，唯一能傾訴的對象，就只有親姊姊了。事發幾天後，她終於打了電話給姊姊，但她一點都不記得當時自己說了什麼，只是大哭了一場，姊姊隔天就馬上來陪宣雅。也幸好姊姊來了，如果當時沒有姊姊聽她訴苦，宣雅搞不好已經崩潰。

這時候只能自己振作，因為小孩們都還在上學，最大的那個是高三生，即將考大學。在父母面前，宣雅必須若無其事；在孩子面前，她也得故作堅強，假裝媽媽可以解決所有問題。補習費、生活費，樣樣都得準備，得好好撐起家計。她知道自己一旦倒下，就會有很多人跟著倒下，而在裡面，唯一可以鞭策的人只有自己。

「回頭想想，當時把一切都當成心理問題的這個念頭，真的為我帶來很大的力量。」在宣雅經歷的一切中，可以控制的，就只有自己的思緒；銷聲匿跡的老公和自己的關係不是她所能控制；經濟破產也不是她想怎麼辦就怎麼辦。宣雅手上所擁有的，就只有自己而已。儘管問題的根源不是來自於自身，但這時可以督促的對象就只有自己了，那是她唯一能做的事。

宣雅的故事講述了痛苦中最黑暗的一面。許多人認為痛苦是值得的，它會帶來某種啟示，甚至認為它教會了我們什麼。所以在面對痛苦時，即使總想迴避，也免不了想從痛苦中尋找生命的意義和價值，這使得人們拚命構築著與自己對話的內在空間。

然而有些痛苦，就是會把這種構築內在對話空間——內面——的努力，化為烏有：壓倒性的痛苦、可能招致死亡的絕對性痛苦、完全與己無關，純粹來自外部的痛苦……遇上這類痛苦時，反求諸己是毫無意義的。這樣的痛苦不會產生任何自我啟發，就算能因此多瞭解自己什麼，對於處理和解決問題，也毫無用處。一言以蔽之，不過是一種所謂的「精神勝利」罷了。

此時，人們被迫直面的，就是痛苦的「無意義」。正如許多學者在深入研究人類所經歷的殘酷體驗時所說：一個人在絕對痛苦前面所領悟的事實，對痛苦本身毫無意義，只是不得不將其熬過。經歷過這種痛苦的人，無法不感到無助，痛苦的無意義，才是人類不得不承受的最大痛苦。

痛苦的「無意義」，破壞了透過痛苦好不容易才構築出的、與自我對話的「內面」，而所謂內面，就是指在內心裡頭，自己與自己交談的空間。「對話」這個概念，無論在哪種語言中都代表互相傳遞話語，而話語傳達意義。當我們針對意義提出疑問時，就會產生話語；當有意義時，話語就會被傳回。如果一件事沒有意義，人們就不會發問；如果沒有意義，人們就不會回答。當人們遇到極端的痛苦時，無法回答「為什麼是我？」這個問題，疑問徒留在虛空中揮之不去。此時，自己與自己對話的空間可說只是縈繞著虛無的回音，淪為淒涼的廢墟。

當人們認為談論所遭受的苦難毫無意義時，便無可避免地感到空虛。無法談論自己正在經歷的事情，會讓人完全絕望，人生中還有比絕望更痛苦的嗎？這種絕望的關鍵，在於甚至沒有必要和自己訴說自己正在經歷的痛苦，但即使想說，也實在是無話可說。

人一旦失去了話語，便會與世隔絕，甚至離開其自身。當連結人與人之間的媒介「話語」消失時，人們自然會被孤立起來，與己隔絕，陷入絕對的孤寂狀態。因此，所謂的絕望，以及與自己本身斷絕關係的「孤獨」，其實是同義詞，在這裡，一切都沒有價值，也沒有意義。

儘管如此，對內心充滿這類痛苦的人來說，他們擁有的也只有自己，因為其他事物都是不可抗力的因素，也因如此，痛苦的悲劇層面在於比起逃跑的人，留下來的人要承擔一切責任，而為了承擔責任，人們必須安撫自己、讓自己走出來。就像女性和平倡議者鄭熙真所說的：雖然真正需要打起精神的不是自己，但為了克服困境，我們必須一直敦促自己重振精神。背十字架的人是無辜的，而無辜的人有能力獨自承擔一切。

明知沒什麼用也要大叫出聲，不這麼做沒辦法撐下去

肉體疼痛亦同。當毫無意義、卻又給人帶來絕望和孤獨的是肉體上的痛苦，感受的程度可能更嚴重。在熙的母親年輕時是精力旺盛的女性，儘管家裡只有老公在賺錢，但捉襟見肘地把

孩子拉拔長大、把整個家中經濟都拉到中產家庭水準的，完全是母親的功勞，在熙的父親也是完完全全信任她。在家人的支持下，在熙媽媽認為自己做的一切都是對的，如果她有錯，這個家將就此瓦解。

除了操持家計之外，在熙媽媽在各種活動方面都很活躍，社區里民總是會和在熙媽媽商議大小事，她也積極參與里民大會等各種聚會。雖然家境不算富裕，但在熙媽媽常跟鄰居一起到全國各地遊覽。「看相簿的時候很驚訝呢，從全羅道紅島到慶南南海、江華島到束草……什麼地方都去過。那還是我們一家子窩在一個小房間，又窮又破，外面馬路都還沒鋪好的時候耶！」在旅遊場合，媽媽也是備受信任的領隊人物。

曾是這樣意氣風發的媽媽，卻在七十多歲時倒下了。退化性關節炎、骨質疏鬆症、脊柱壓縮性骨折、尿失禁、膀胱炎……各種老年疾病都找上門來。膝蓋接受手術後，留下了後遺症：「其他人都沒什麼問題，為什麼只有我有後遺症呢？」骨質疏鬆症導致了脊柱壓縮性骨折：「比我胖的人也好好的，為什麼就我會骨折？」尿失禁手術縫合沒做好，一小段縫線留在體內、引發了膀胱炎，在熙媽媽更是忍不住連連抱怨：「怎麼那麼倒楣，什麼壞事都會發生在我身上？」

在熙媽媽最常說的就是：「為什麼又是我？」那句話裡隱含了滿滿的委屈和憤恨。在熙和其他兄弟姊妹總是告訴媽媽：這些事稀鬆平常，大多數老人都會得到這些病，說不定媽媽還算特別幸運的了。其他老人可不只是脊柱壓縮性骨折，甚至會因為髖部骨折而死亡……但這些話一點用處都沒有，在熙媽媽總會拿出其他狀況比較好的例子來反駁，並宣稱一切不幸只發生在自己身上，甚是感到委屈。

不僅如此，肉體痛苦還帶來了自我封閉的危機。因為不能大動作行動，在熙媽媽幾乎哪裡都不能去，漸漸地，也沒什麼人來找她，社交範圍因此大幅變窄。和家人的關係也是如此，對在熙媽媽而言，家裡沒有一個人真正站在她旁邊支持她，她開始覺得孤單。

每當感受到孤單時，她就大肆抨擊家人，因為不管是老公還是孩子，都覺得她和別人沒什麼不同，可她卻不這麼想。她認為只有自己這麼悲慘，而家人卻否認了，這種態度讓她火上加火，認為連最親近的人都沒有想要認真瞭解自己。這種世界上只剩自己的孤寂感，從早到晚地侵蝕她的生活。

宣雅的狀況可能是內心的瓦解，在熙媽媽卻是整個世界都崩塌了。隨著這種生活的持續，在熙媽媽與家人朋友、甚至孩子都漸行漸遠。她每天和老公吵架，老是對子女抱怨各種不滿，據她所說，沒有人站在她身邊。到後來，她甚至耐不住氣，把大家都轟出去，就這樣，在熙媽媽親手把自己的世界給砸毀了。

儘管如此，她的內心卻沒堅強到足以獨自承受這種狀況。她並沒有自我對話的能力，所以只要身體有點不適，就又開始找尋剛被自己吼出去的老公和孩子；明明才亂發完脾氣，卻又很快地開始對家人抱怨訴苦。不這麼做，就撐不下去。雖然知道這些舉動讓家人難受，但即便如此，她還是忍不住。

「還是要大小聲發洩一下呀！不這樣怎麼撐下去？」這句話讓我們看到在熙媽媽的世界是如何崩壞的：她沒有告訴家人子女自己正在經歷的痛苦，反而對他們大小聲了。這意味著，在熙媽媽無意中也認知到自己說的話其實並不具有什麼意義，只是發洩。除了病痛，她並沒有什麼可傳達給別人，可以做的，只有透過吼叫傳達信號罷了。

在熙媽媽說，偶爾半夜醒來，會覺得自己快要發瘋，心裡有種火氣竄上來，讓她好想跑來跑去吼叫一番，身體明明痛得在顫抖，卻好想砸碎家裡的東西，不知該如何是好。當老公趕來身旁握住她的手、安撫她時，她會忍不住哭喊：「我怎麼了?!我好像被鬼附身！怎麼辦？」她甚至曾經覺得自己真的被鬼附身，很認真地要去找乩童來化解。

在熙媽媽的故事告訴我們：受苦的人不是主體，痛苦才是。當疼痛控制了身體和心靈，人將看不到眼前的他者，此時眼前的他者只剩下一種，就是痛苦。然而，他者和主體的位置不停改變，被迫成為了他者的自己，被成為主體的痛苦凝視著、引導著，就好像被惡魔附身的身體已非己身，此時我們不由得想粉碎這個不是自己的身體，想放聲尖叫發洩。

宣雅和在熙媽媽的經歷，向我們丟出了共同的問題：除了放聲大叫以外，還有其他可以表達痛苦的方法嗎？這並不意味著我們無法描述、解釋和分析痛楚，而是對我們自己丟出問題：「痛苦可以被說出來嗎？」——這個問題，代表著痛苦的價值和意義。除了是被迫從外部強加於人的感受以外，痛苦還有何意義呢？如果痛苦毫無意義，我們就無法透過痛苦建立任何內心世界，因為內心世界需要透過能用話語交流的「意義」才能構築。

3.

天主，您知道我的話是什麼意思吧？——把存在危機寄託在神或動植物上時

在熙媽媽經常談論她的身體和疾病，唸叨著昨天哪裡痛、今天哪裡痛，讓別人一直提心吊膽。起初，人們還懷著惻隱之心聽她傾訴，但隨著時間過去，人們開始敷衍，老公和孩子也是如此。但大家越是不聽，在熙媽媽就越是只能放聲呼求，有時是哀叫身體痛，有時是埋怨大家不知道自己有多難受，甚至毫無節制地謾罵孩子，說自己罹病都是他們的錯。

在熙媽媽對家庭的埋怨逐漸演變成「罷工」，明明三天兩頭得上醫院回診，但當子女要帶她去醫院時，她卻拒絕了，只是嘴硬地說要去死一死。子女為了帶她去醫院，總是千拜託萬拜託，好不容易等她心情好點了才肯答應，而且每次都對兒女千篇一律地撂話：「我只是沒有說而已，要說的話說也說不完，你們都不知道我有多痛苦！」

在熙媽媽總在抱怨自己的病、身體和痛苦，但嘴巴卻說，自己要等到「痛到幾乎要死」的時候才會說出口。當家人問她，那之前說的話又表示什麼時，她卻用「那個不相干」、「你們什麼都不懂」來堵住別人的嘴，接著又開始罷工，拒絕看病。家人只能無奈地接受，認為她其實並不是在描述自己的痛苦。

不管說什麼都不會被理解，只能說「你們都不懂」

但是在熙媽媽有說謊嗎？和她見面聊起時，我發現事情並非如此。在熙媽媽其實也知道自己逢人就抱怨，對此也感到羞愧。當家人指責她時，她發飆的對象其實不是旁人，而是自己。

在熙媽媽希望別人理解她為什麼三不五時就要談論自己的身體和疾病，還有那種痛到底有多痛。如果可以的話，她想盡可能詳細地告訴對方她所經歷的痛苦，但是當她說出口時，那些痛苦聽起來卻一文不值。這讓她很驚慌，無論她用盡各種說明方法，都是無用。換句話說，在用言語表達出來的那一刻，她所承受的痛苦，就和普通老人所遭受的痛苦一樣平凡，這才是在熙媽媽更無法忍受的。

最終，她瞭解到，她無法用語言來描述和解釋這種痛。不僅僅是無法對其他人訴說，她也開始質疑自己是否真的和那樣劇烈的痛楚相伴。即使她也試圖用「這真的不是一件大事吧」來說服自己，但身體所感受到的痛楚卻並非微不足道。此外，因為身體和大腦主觀認定這個痛苦並不輕微，所以無論理性上如何試圖否認，心理上卻無法接受。但用言語表達的越多，心情又越是傷心憤怒，讓她更加難以忍受。

這種怨恨每次都會反彈回老公孩子身上，她埋怨家人不瞭解她無法用言語解釋痛苦；她也很憤恨，每當她說出來時，家人總是忽視或批判她。在熙媽媽真正想要的是，無需言語就有人能明白她的狀況，即使她什麼都沒有說。她甚至希望，家人連她不能說出口的心情都能懂得。

當然，沒有人可以代替她做她做不到的事，和在熙媽媽的期望不同，家人總會跟她說：「告訴我，哪裡痛、有多痛？」這時，在熙媽媽只能被迫以「令人失望」的方式來傳達她的痛苦，並且對於只能聽取到痛苦的「平凡特質」的家人「感到失望」。她會無奈地看著大家說：「難道你們就是為了這些微不足道的自白，才跟我鬧這一齣嗎？……」對於硬要她講出那些無法形容的感受，聽完卻感到失望的家人，在熙媽媽只能吐出：「你們什麼都不懂啦！」這句埋怨。

在熙媽媽不斷敘說著，但其實什麼也沒說出來。她已經確定，說得越多，就越無法把狀況講清楚，對此既失望又絕望。隨著她對自己肉體疼痛的呼喊，所有與家人一起建立的、各種稠密的「共同情感」——例如同情、尊重、愛和感情，都隨之消失殆盡，家人和自己之間再也沒有任何東西可供溝通。她被遺棄了，只留下無人能說之痛，世上沒有什麼比這個更強大的真實痛苦了。

人類不能單獨存在，允許獨自存在的只有神或物。正如「人類」*這個詞所代表的意義，顧名思義，要在人與人之間方才存在，它不能以單數形式獨存，而是存在於其他事物之間。哲學家漢娜．鄂蘭（Hannah Arendt）將其稱為「複數性」（plurality），意即人類存在的基本特質。

因為如此，人類需要一個與他人共同居住的空間，在這個空間中一起生活。如果外部的公共空間代表著「世界」，那麼內部的共同空間，就是我們以及作為他者的自己所共享的內在世界。當這種「共同空間」崩潰時，具有複數性的個人，就不得不面臨可怕的存在性死亡。當人們發現，自己曾相信是「共同的家」的地方其實不是「共同的」、曾經認為是「共同關係」的連結並不是「共同的」，人類便會體驗存在性的死亡。

在這種狀況下，即使我們試圖重新建立一個「共同的家」，但「痛苦不能被完整述說」的事實，卻會阻擋人們重建的期盼，因為一個共同的家，只能透過相互溝通和交流的「語言」來重建，但這世界上卻沒有語言可以描述痛苦。出於這個原因，人類若想用語言來因應「共同性的崩壞」這場戰役，必定會失敗。

共同性的崩壞所引發的存在性死亡，一旦走向極端，就可能引發真正的死亡，因為對人類來說，忍受存在性死亡這件事，比什麼都來得痛苦。如同對宣雅來說，早上醒來時最痛苦，晚上睡著時最幸福，只想陷入沉睡，其實也是基於這種存在性死亡所帶來的劇烈痛楚。

為了避免存在性死亡導致真正的死亡，人們試圖再次建立一個共同的家。但他們已經知道了：自己身上沒有建造這種共同房子的工具——也就是「語言」，因此，必須用「語言之外的語言」來建立，用「不是語言的語言」來創造可以溝通的個體和共同之家，否則人們無法承受存在性死亡所帶來的痛苦。最終，他們找到的解套是宗教，而且是不需要太多談話的那一種。

---

* 譯註：韓語的「人類」漢字為「人間」。

我心靈的依歸，只有聽懂我的祈禱的神

德龍爸爸的情況就是如此。他是虔誠的佛教信徒，身為一個大學教授，他甚至將幾部佛教經典譯成英文，是個不折不扣的學者。除此之外，他定期參禪、每天固定禮佛一百零八次，還會告訴旁人佛教所說的「真我」為何，要大家別輕易被情緒和感覺左右。

然而，上了年紀時，德龍爸爸也像在熙媽媽一樣崩潰了，與愛妻死別是最主要的原因。雖然過去他逢人就強調「死亡不是真正的死亡」，但面對妻子的死，這句話失去了意義，聽來反倒像對妻子的侮辱。在那之後，德龍爸爸沒有好好照顧自己的身體，也跟著病倒了。因為變得無法正常如廁，還曾經尿濕褲子。這對比任何人都愛乾淨的他來說，當然是種恥辱。和以前佛經中所說的虛無相比，現在朝他襲來的虛無感更加巨大而不可描述，這也使得憂鬱症悄悄找上門來。

他和妻子如膠似漆，兩人的感情之好，曾被人說在韓國幾乎不可能看到，雙方互相愛重的程度讓旁人幾乎無法理解。妻子過世後，德龍爸爸的話急遽減少，令大家不勝唏噓：「到底有

多麼深的愛才會這樣呢？」周遭朋友無不知道他們是一對神仙眷侶，可想而知，德龍爸爸有多麼難以接受妻子的離開，他甚至曾說：「我老婆走後，隔天我也要跟著走。」

妻子亡故帶來的痛苦令他難以忍受，但老婆再也不在世上的感覺太不真實，更令他難以相信。整個事件對他來說相當奇異，充滿煎熬，卻又缺乏實感，彷彿一睡醒，老婆又會出現在身旁，所以他總會故意睡得久一點。偶爾看到老婆曾經觸摸過的物品，心中就湧上穿腸般的劇烈憂傷。他也想一了百了，整天茶不思飯不想，於是很快就消瘦了許多，他反而覺得這樣才好。

德龍爸爸也慢慢開始整理身邊的關係。截至先前為止，他來往的對象都是知識分子和學者，見面時，大家討論的話題都圍繞在人生意義、韓國社會、文化等「高尚」的主題上，這些高談闊論，如今只讓他感到虛無。整個世界都崩塌了，再討論那些有何意義？現在要他再和過去時常來往的對象聊天，他只覺得麻煩，又毫無建設性，光是坐在那裡就讓他很痛苦，還不如自己獨處。

不用出門，就表示不太需要打理門面。以前他常說：「都五十好幾了，出門時褲子還有皺褶，應該會覺得丟臉而想回家吧？」但現在既然不用出門，自然也不必燙衣服。子女很擔心爸爸的狀況，提議找家事管家，都被他拒絕，他覺得自己還沒落魄到那個程度。更重要的是，他不希望有任何人來填補太太的空缺，即使人生會因此亂七八糟，也是一樣。

不久之後，德龍爸爸收起了塞滿書架的書。這些是他收集了一生的書籍，陪伴了他的人生，但這些書都是什麼呢？他更恨自己為了讀書，犧牲了和妻子相處的時間。這些文字，別說是解開世界的祕密了，甚至連安慰一顆受傷的心都做不到，是毫無價值的東西。他非常羨慕一個朋友，五十多歲急性心肌梗塞僥倖搶救回來後，便果斷地和妻子一起回老家生活。刺骨的悔恨時不時湧上心頭，當時他也應該這樣做才是。

有時德龍爸爸會去寺廟和僧侶交談，但聊得越多，空虛越深，他們說的話沒有力量，也不能帶來安慰。沒有什麼話比「人生很是空虛」來得更空虛；也沒有什麼話比「現在感受的痛苦不是自己的」還要讓人無力。這份疼痛是如此明顯地存在，怎麼會不是我的痛呢？雖說佛教不是一種以文字和話語為先的宗教，並因而被稱為「不立文字」，但不立文字的概念本身就是一種「話語」；儘管佛教主張不發言而保持沉默，但矛盾的是，佛教其實仍是一種由許多話語所組成的宗教。

那時，妹妹勸他加入日本的一個新興宗教，她說哥哥所認知的「道」並不是真的悟道，如果能接受這個新興宗教的教義，就能戰勝痛苦。起初他覺得很荒謬，也認為無論處境多麼窘迫，都不能依賴這種「偽」宗教，他不能用這種低俗的方式來處理自己長久以來建立的孤高的精神世界。

但妹妹幾乎每天都來探望他，鼓勵他信教，只是沒有強迫他。每次回家前，妹妹都在另一個房間真誠地誦讀該宗教的經文，看著她的模樣，德龍爸爸有些動搖了。雖然不認為唸咒會改變他的心，但他似乎不得不回應妹妹的一片赤誠，最後他便跟著妹妹一起去了「會館」。這次，他的人生再次產生一百八十度的轉變。

「唸著這句經文，心就會比較安慰。真不知道為什麼以前我會不曉得有這麼好的『道』？」當我再次見到德龍爸爸時，他顯現出前所未有的平靜。他說，自己現在一有時間就會誦唸那個宗教的咒語，也把原有的宗教觀拋得一乾二淨，甚至還開始和別人一起「傳福音」，對此非常熱情。他也小心翼翼地觀察了我的眼色，建議我相信這個「至道」。

一開始讓他回心轉意的，是那個宗教構築出的「依靠」，首先是他的妹妹。罹患重度憂鬱症的他，會對妹妹大小聲和訴苦，偶爾也一語不發，但妹妹從來沒放棄過哥哥。她幾乎每天都會來照顧並安慰哥哥，誠心為他祈禱，在會館裡見到的人也是如此。由四五個人組成的小團體中，他們彼此付出真心、相互扶持。「這和彼此刻意保持距離、『故作灑脫』的禮佛不同，佛教真的很冷漠。」他們的存在對他來說，是一個新的依靠，新的陪伴。

然而真正徹底撼動他的心的，其實是「咒語」。每當他心情煩躁時，都會唸咒禱告，思緒紊亂時也會唸誦，這麼一來，紊亂的思緒自然消失了。它與參禪時不同，如果說，參禪是為了清除腦海中的雜訊而用盡心力壓抑、好不容易才能平穩心靈，這個經文反而是藉由其縈繞在腦海的方式，令人很快安下心來，所以當他起心動念時，就會趕快打坐唸咒，以求心安。

信徒和眾神——對德龍爸爸而言，這代表著「我有依靠了」這句話的嶄新意義，也是最重要的變化。他曾經拒絕孩子們的建議，不接受家事管家上門打理家務，即使生活變得落魄也無所謂。但開始有地方可去之後，他便注意起穿著和髮型，畢竟不能蓬頭垢面地去參加小團體聚會。在家裡時，生活也端正了起來，因為唸誦經文時必須身心靈清淨。於是，他又慢慢地開始關照自己的生活了。

一開始聽聞父親跟著姑姑去信什麼新興宗教，並且感到排斥的孩子們，看到爸爸的改變後，便也不再多說，反倒覺得爸爸能夠重新生活、開口說話和出門，這一點更重要。孩子們對此很感恩，決定不再深究那個新興宗教是什麼，因為不管那是什麼宗教，至少它做到了他們做不到的事，光是這點，就很讓人感激。德龍爸爸希望死後的葬禮可以依循該宗教儀式，孩子們也決定尊重他的意願。

對於不知道如何陳述自身遭遇的眾生，能夠解救他們的其中一個存在，便是神。神甚至可以聽見我們未曾說出口的話。當我們向神祈禱時，絕望的人會說：「雖然我說成這樣，但您知道我在說什麼吧？」前面說的話和後面說的話，往往大不相同。前面的話，是從嘴巴中絮絮叨叨吐露出來的話語；後面的話，則是在口中說出的話與話之間遺漏了的、但神能夠聽得懂的話語。所以這只能對神訴說，是只有神才能理解的。

最終我們可以對神說出各種話語，並說得若無其事。這是一種「方言」，德龍爸爸所唸誦的「經文」也是如此。方言和經文扮演著一種「空記號」的功能，雖然人一直在講話，但話語裡並不具有特定的意義，就像一個空的碗。人們只在乎張開嘴發出聲音，在「聲音」裡頭，包含著我們講不出口的「真心話」，只有神才有辦法從那個聲音中聽出「真心話」來。

受苦者往往只能透過方言和經文才能講話，因為「真心話」是不能說出口的。不過儘管如此，那依然保有一種「真心話」的形式，因為有人能夠理解方言和經文——能夠理解真心話的第一個主體是上帝，第二個，則是共享咒語和方言的「共同體」——所以經文仍然可以是種「真心話」。在新興宗教團體的晨禱會所溢出的，並非胡言亂語，反而是只有上帝才能夠理解、最接近真心話的話語。就像嬰兒的啼哭聲，雖然無法與之對話，但它卻是非常精確的一種話語呢。

「聲音」能夠重建無法用語言建立的「共同之家」，在這個共同之家，人們可以透過分享各種裝載真心話的「聲音」，來進行交流和溝通，而共同之家也能帶來超越「話語」的安定感，和存在性的意義。「上帝應該懂我說的意思吧？」以及「這些經文裡面，什麼意義都囊括在內了！」是一樣的含意，如此一來，想表達卻無從表達的人所想的「真心話」、讓這些人創造「共同之家」的話——全都是「聲音」。

與其和背叛者或愛頂嘴的人講話，不如倚靠正直的植物

還有另一個能夠聽懂聲音的存在，它們代替神來聆聽人的話語，並且打造了其他人無法打造出的「共同之家」，它們就是動物或植物。韓國有個笑話是這樣說的：如果你拜訪某人家中並發現很多花盆，那麼，主人若不是很會照顧植物、熱愛花草的綠手指，就是憂鬱症患者。可

見對人際關係感到絕望的人們，往往會投向動植物的懷抱，這才是他們的新夥伴。

準錫就是如此，而他所承受的試煉是背叛。女友說會和他永遠在一起，但她卻劈腿了。準錫一開始雖然生氣，但過了一陣子，還是決定原諒，準備重新開始，然而劈腿的女友卻說自己再也感受不到心動的感覺，無意繼續交往。她沒有道歉，反而怪罪準錫無法讓她產生戀愛的感覺。假如準錫當時有聽到女友說一句抱歉，或許還能原諒她也說不定。

在那之後，準錫刻意逃避人群，旁邊的朋友都說他是太相信別人才會遇到這種事，一邊替他數落背叛者的同時，一邊強調問題的原因在於他太過「純真」。要嘛說他在被甩前應該主動先甩了女友才是，要嘛調侃他一開始就是癩蛤蟆想吃天鵝肉、原本就不用抱太高期望。準錫受不了那些看似安慰、實則轉嫁責任在他身上的評論，也不想讓那些不理解他的痛苦的人待在身邊，於是，隨著時間過去，他獨自在家的時間越來越長了。

他開始接觸植物，從人們說很好種的多肉植物養起。植物和盆花的世界是神祕的，和人類的世界一點都不同，如果說，人類的世界是用「語言」組成，那麼植物就是用「手」；如果說，用語言來組成的人類世界很讓人不安，又容易因背叛而瓦解，那麼充滿植物的世界就是正直的。

「它們很正直唷！付出多少就會得到多少，不小心疏忽可能會死掉，但多用點心又會恢復！」

這是不需要多說什麼的關係，無需言語就能溝通交流。對於遭受了言語背叛、又無能以言語來表達痛苦，並因此更感煎熬的準錫而言，植物教會了他使用「手」這個新的語言，而他們之間，是不會互相背叛的清爽關係。「植物不會背叛你，所以去問植物『為什麼我為你做這麼多，你卻死了？』是很荒謬的事，如果真的變成如此，也是我付出了『錯誤的』心意所造成，因此要好好理解對方先前付出的心意是不是真的心意。這些都是植物教會我的。它們不會像人一樣嘴巴上說愛，卻對我做出不一樣的事。」

當然，他並不總是能妥善照顧植物。當抑鬱和憤怒的情緒惡化時，他會在房間裡一躺好幾天，雖然也會不自覺地注意到花草正在枯萎，但看著自己曾掏心掏肺照顧的植物垂死時，他卻絲毫不想動手挽救。他的心裡沒有任何感情，頂多嘆一口氣說：「哦，快死了呀？」就結束了，非常坦然。因為心裡沒有感覺，就更不可能起床給植物澆水。一個人要為某個對象做事時，總需要對其懷有感情，但準錫對植物並沒有。於是，不只花草開始凋零，他的心情也是。

這兩種狀況反覆出現，當他覺得植物可以聽他說話時，就全心全意照顧，因為對憂鬱期間放手不管的植物有罪惡感，就更加用心照料。那時家裡到處都是花盆，有人來拜訪時，都會稱讚他妙手回春、說他很會照顧花草，還有人要他乾脆下鄉種田。

然而憂鬱浪潮幾乎定期出現，每次憂鬱來襲，他對植物的心都是空洞的。雖然他認為植物很誠實，但他也很快就瞭解到：那是因為它們並不會說話。儘管他已經不會像剛開始時那樣不負責任地養死植物，但空虛感仍不可避免，這讓他時不時就有個衝動，想把所有植物都丟掉。

諷刺的是，越是如此，準錫就離人群越遠。當家裡的花花草草多到快滿出來，來訪的朋友都以為他在蒔花弄草間得到了安慰，很少有人真正瞭解這意味著什麼。對於這樣的朋友，準錫通常只會說植物是多麼誠實等等，而對植物並不感興趣的人並不知道自己為什麼必須聽這些事，也覺得和準錫相處很有壓力，最後往往會說些客套話：「還好你那麼喜歡花花草草呢，很高興你可以有植物當作依靠，好歹心情有地方去嘛。」講完就「放心」地離開了。隨著時間推移，準錫開始認為人們是一種無法苦人所苦的存在。

這裡還有不想再被背叛的絕望，這種背叛，與其說是從人身上來的，不如說是從言語上來的。不想說出口，又想說出口。如果不說，就不能被理解，但說出口了也未必能被理解，反而有可能造成誤會，讓關係更疏離，乾脆不去理解還比較輕鬆。既然如此，那麼，能夠分享心聲的對象，就只剩不會說話但擁有生命，所以會正直地給出反應的「植物」了。社會上，像準錫一樣，整個家裡擺滿花花草草的人很多。

4.

好了，到底怎麼回事？
——尋求社會性解決辨法並仰賴制度語言時

有種說法是，痛苦使人真正存在。但更準確地說，痛苦使人無法真正存在，反而進入更加嚴重的存在危機。換句話說，一個人可能透過痛苦與自己相遇；也可能因為無法忍受痛苦，進而無法面對自己。當一個人面臨痛苦、卻無法親口說出發生了什麼事時，就可能發生後者的情況。

當我們說獨處便是面對自己的最佳時刻，卻連自己經歷的痛苦都無法描繪，這種狀況，該如何不讓人崩潰？當這種情況反覆發生時，人們便可能會陷入一個混亂階段，甚至無法分辨這些事情到底是實際經歷，還是大腦捏造的虛構記憶。這時，即使我們有機會獨處，我們也沒有和自己「在一起」，反而仍是被自己所遺棄的狀態，陷入更大的孤寂。此時，人們會徹底感受到實存的不可實現，面臨生命的實存危機。

在前面的章節，我們為了處理這種危機，探討了如何讓無能言說的人們找到聆聽對象，並建立一個新的虛擬之家。例如，找尋即使我們沒說出口、也會傾聽並理解一切的神；或者找來付出多少就回饋多少、忠實又不會背叛的動植物，與他們建立「共同之家」。即使不說出難以言說之痛，也可以透過那些能夠理解我們的對象，來解決生存危機。

還有另一種方式：因為痛苦無法被述說，所以根本不和任何人說話。對於選擇這種方法的人而言，談論痛苦是不幸的，其他人不可能知道並同理自己的痛苦；依靠上帝或身邊的動植物也同樣天真，因為那些對象並非聽懂了心裡話，而是因為不會說話，才好似能夠理解一切。試圖逃避痛苦無法被說出的事實，只是一種精神上的勝利而已。

在這些人中，有些人轉而用社會方式來解決個人苦難。事實上，所有痛苦都有其社會層面。宣雅和先生的婚姻問題所帶來的痛苦便是如此，這不僅是宣雅和先生的私事，同時也是父權主義及男性中心的社會結構所引起的問題。男人在外賺錢，女人操持家務，這樣的勞動分配將人區分開來。權力也是一樣，女性不能得知或干涉男性賺錢的過程中所發生的問題，這被視為男性專屬的權威，儘管它引發的問題同時攪亂了男性和女性的生活，一如宣雅的遭遇。從這方面來看，宣雅的苦難不僅僅是存在性的痛苦，也是父權制度和男性中心主義所帶來的社會性痛苦。

要解決「社會性問題」和「生存性危機」分別帶來的痛苦，方法截然不同。無數女性正在經歷這些事情，最重要的，是要先分辨「對痛苦的社會性層面的理解」和個人化之間的不同。當我們知道它不僅僅是自己的問題，還是肇因於社會結構時，我們便可以超越個人感受，去發掘痛苦的社會層次，摸索解決方案。這就是為什麼聚會和傾聽對痛苦的人是如此重要，因為唯有如此，才能瞭解痛苦的社會層次、產生共鳴，並由此找出解決方式。

和遇上類似情況的當事人溝通並達到社會共識的過程，是很令人開心的，但受苦的人會知道：即使我們強調痛苦的社會層面，仍會有其他痛苦殘留。之後，自責和憤怒仍然存在，自己無法接受的悔恨和委屈也不會消逝，這是痛苦的存在層面。

因此，痛苦之中，個人必須承擔的「存在層面」無法被消除，越清楚地意識到這一點，就會產生更多矛盾。因為痛苦的存在層面，嚴格來說是個人的責任，所以沒有必要在別人面前提及，我們可以對人述說的，只有痛苦的社會層面。在清楚瞭解這點的人之中，有些人能徹底區分痛苦的社會和存在層面，因此他們也知道，必須與他人通力合作的，是去解決痛苦的社會層面問題。將存在層面歸類在社會層面，此舉毫無意義；反之，應該要談論痛苦的存在層面問題，或點出痛苦的社會層面問題並加以解決，這樣的行動才有意義。

那些會妨害真相公開的話，到底為什麼要說出口呢？

《共同正犯》（直譯，原意為共同犯罪）這部電影非常高明地處理了龍山慘案的主題。與目前探究社會問題的許多紀錄片不同，這部電影從不同角度呈現了龍山慘案的被害家屬，他們如何因應這場無法預期的災難所造成的創傷，透過李中言這個角色，如實反映了上述面貌。

龍山慘案是韓國資本主義下的代表性悲劇。二〇〇九年一月，反對國家單方面強制都更的三十多名住戶，私自占領了首爾龍山站附近的南一堂大廈，發動了抗爭。政府也不甘示弱，將這場抗爭定調為「城市恐怖主義」，進而實施鎮壓，鎮壓過程中卻不幸發生火災，造成五名抗爭者和一名警察死亡。事發後三個星期內，整起事件的起因和起火原因都尚未明朗時，警方卻快速撇清執法過當的嫌疑，只起訴了當時抗爭的居民。最後，居民全數被判有罪，而罪名即為

「共同犯罪」。

當時作為都更居民委員會主席的李中言是此一事件的核心人物，在鎮壓過程中，他被迫面臨父親的死亡，同時自己也因這場抗爭而變成公眾人物。案件審理期間，他同時承受了警方和其他人要他認罪的壓力：只要他承認他是這場抗爭的「委員長」、是他自行計畫並召集眾人進行抗爭活動，其他抗爭住戶都可能獲得減刑。然而對此他始終三緘其口，到了最後，由於他不認罪，參加抗爭並從火場中逃出生天的住戶皆被共列為主嫌，要承擔的責任和刑罰也是「共同」的，這就是所謂的「共同正犯」。

「共同正犯」是國家定罪的一種方式，也導致這些流離失所的住戶開始分裂。儘管大部分的住戶實際上並沒有參與計畫和行動，卻由於李中言保持沉默的緣故，其他人不得不為他們沒做的事情承擔責任。有些人因此感到被背叛了，並因為這份背叛而感到痛苦。許多人希望能和李中言談談，但李中言拒絕面對他們，也不想溝通。

不過，李中言並不是為了轉移自己的責任並逃避刑罰，才有此看似怯懦的舉動。至少在電影中，李中言是一個深陷於「痛苦的存在層面」的人，那份痛苦既不能說出口，說出口了也對問題沒有幫助，他必須不被這份痛苦給困住，才有餘力闡明真相。

所以他打從一開始就不開口，既是不能說，也是沒有必要說。或許居民可以透過討論這場悲劇來暫時凝聚向心力，但想必很快就會開始爭執誰的論點才是對的。雖然彼此的心靈是凝聚了，但傷口仍會繼續加深，話語的意涵會被分散，到頭來，究竟能用這些話語來做什麼呢？一點都沒必要的話語，不，是甚至會妨害真相公開的話語，到底為什麼要被說出口？

李中言當然知道。打從大家決定開口討論的那一刻起，這起悲劇的罪魁禍首就已經逃出生天了，追究真相的發展，會轉往追究「住戶關係」的問題。李中言認為，龍山慘案並非因住戶之間的「關係」而起，而是他們和外界，以及他們和權力階層之間的問題，因此談論他們的「關係」之間發生了什麼，並專注於恢復他們之間的「關係」，是毫無意義且危險的。一不小心，就會導致住戶和權力階層之間的問題被弱化，把大家困在受害者遺族的問題之中。這就是為什麼大家聚集起來、與造成這場悲劇的國家權力面對面討論問題也許還有點用處，但大家開誠布公、討論彼此的痛苦則只能淪為無意義的自慰舉動，平白浪費時間而已。

被不能說出口的痛苦給困住的人，絕對無法做出對解決問題有幫助的事情。因為每一次口述痛苦時，那些痛楚雖然會像流沙般地從指尖流去，但同時，他們也必須親眼目睹「量產」出這些痛苦的過程，不得不再一次地陷入自憐。能夠戰勝痛苦並繼續完成任務的人，大概只有聖人或惡魔吧。因此也只有放棄使用「同情」、「同理」這些詞彙，閉上嘴巴、堅決不說喪氣話的李中言，才能夠繼續查明真相，這也正是他在電影中看來像個反派的原因。

李中言徹底分離了痛苦的存在層面和社會層面。透過「話語」來構成意義的，就是痛苦的社會層面，而「有用的話語」是試圖解釋痛苦的社會性問題，並加以解決的話語。從這個意義來說，處理痛苦存在層面的話語，是一點價值都沒有的。對於李中言而言，話語就像這樣，只有社會性的效用，換句話說，唯有具有社會效用的話語，才值得一提。

只有社會通用的話語得以說明痛苦時，就會產生矛盾

那麼，到底是誰會說出具有社會性效用的話語呢？聽來也許拗口，但這種人，正是那些會靈活運用「已被社會認可的話語」的人。說得困難一點，只有那些運用著「已經在社會和自然法則中記載的話」的人，才是我們能夠對話的對象。唯有和他們對話，才有價值和意義，社會只能聽見這類人士說的話。因此，為了解決痛苦的社會層面，受害者往往會找上擅長使用社會

性和法律性語言的人，與其交談，此舉也難免被其他人視為追求權力的行徑。

任何與律師交談過的人都很清楚，法律只聽使用法律語言說話的人。無論花費多少時間談論你的痛苦和損失、講得多詳細，律師給的答案都是一樣的：「這些就不用多說了，所以到底發生了什麼事呢？」無論講了多久，他們總是會說：「這部分已經夠了。」所以根本沒有必要說，因為沒有經過法律語言雕琢的語言毫無價值和意義，法律只聽法律語言的意見。

此時，注視李中言的群眾目光是陌生的，因為他拒絕和那些一起抗爭的人對話，反而不斷和社會知名人士見面。但他這麼做的原因，並非因為他天生就是追逐權力的向日葵，相反的，這是一個大坑，他越關注這場悲劇的社會層面並試圖找出原因，越不得不陷入其中。法律層面找法律人士；政治層面找政治人士；社會問題找社運人士……他不得不為，因為這才是讓社會得以聽見、為這個悲劇發聲的「語言」。

然而，要在這裡使用已受承認的法律語言描述痛苦，也會面臨兩難。雖然李忠言試圖挑戰讓他陷入痛苦的社會，但又努力只用社會認可的語言來表達，這使得他無意識中跟著認可並複製了社會語言和權威。他想用審判的語言來審判和述說他所經歷的痛苦，卻造成反效果，他的話語不僅沒有經過審判，反而被複製為新的審判語言，沒有任何事實被推翻。這就是法律語言特別有韌性、特別能被留下的生存法則。

不僅是法律，每個體制都只能理解它們所指稱的語言，其餘都是無效的，不會被聽進耳裡。就和在熙媽媽去醫院時總是感到沮喪一樣，明明她已經盡可能詳細說明自己的疼痛，但醫生卻連假裝聽一下都不願意，甚至覺得厭煩，因為她的痛苦在醫學上毫無價值。除了醫生以外，自己的孩子也是如此，對於比較瞭解現代醫學知識的孩子們而言，母親的痛苦聽來毫無醫學上的意義，聽或不聽，都無濟於事——而制度就是這樣冷血地聆聽痛苦。每當此時，在熙媽媽總是沮喪地說：「我這麼不舒服，但大家都說沒事啦、沒問題啦，不瘋真的不行。」

這正是李中言只和懂得聆聽和述說法律語言的人見面交談的原因。他只去那些使用法律語言的場合，而「什麼都不懂」的在熙媽媽，就只有一個選擇——把逛醫院當成逛街。病人初診時，醫生總會認真傾聽，當病人的話開始重複時，醫生才會開始流露出不耐，此時，在熙媽媽便去另一家醫院掛號。如此一來，她是試圖敲了體制的門沒錯，但僅限於在制度的外圍遊走，從來沒有踏進體制內。從社會層面來看，她的話語無法建立出「共同之家」。

另一方面，比其他人擁有更多「語言」的德龍爸爸，則是尋找新興宗教——和李中言尋求的方向正好相反——這是因為，具有社會效益的語言，在存在層面上反而會失去價值。德龍爸爸很瞭解他所面臨的社會層面問題，這不只是他個人的受苦，還是老年問題所導致的，精神和情感上的創傷。但因為在韓國，能處理喪妻議題的社會性解套並不存在，才導致許多問題的產生。

對陷入「痛苦的存在性層面」的德龍爸爸而言，語言所具備的社會性效用無法協助他面對自己的問題。若說在熙媽媽不斷訴說著遊走在體制外的語言，德龍爸爸則是太清楚體制內的語言無法讓自己跨過痛苦的存在性障礙。很清楚政教語言的他，選擇了體制外那些不像語言的語言，拒絕了社會性語言。他用體制外的語言建立了一個能夠溝通的「共同之家」。

透過德龍爸爸的作為，可以瞭解到：即使我們針對痛苦的社會層面尋找解方，也不會消弭存在層面的痛苦。即使我們遇到一位專門處理傷痛的「專家」，並找到一時的解決方案，這個問題也不會完全消失，這就是只治療傷痛的社會結構面時所造成的結果。有時候，反而因為解決社會性痛苦的進程如此之快，以至於沒留下餘地來解決存在性痛苦，使得受苦之人更為難熬。

5.

我什麼都不需要，只想抓住什麼——世界上沒有能徹底解釋痛苦的魔法語言

對宣雅來說，小組諮商是一個救贖空間。在進行小組諮商前，宣雅只覺得分外委屈，陷入沮喪，無法好好為自己思考。是小組諮商，讓她開始回首凝視自己的委屈和憤怒，它提供了一個幫助她找出情緒來源的過程，協助她瞭解為何她感受到的情緒強度和他人不同。

在這個過程中，宣雅認為自己創造了一種「語言」，她相信這種語言能讓她好好看待自己，並處理己身困境，這個語言是「內心」和「分離」。宣雅在和我聊天時不斷使用這些詞彙，對她而言，這是種魔法。

「我很不會分離問題。雖然是老公捅出來的事沒錯，但我一直認為只有他有問題，卻沒想到我的感受其實也有毛病。後來透過學習，才慢慢知道怎麼區分。」宣雅不僅在談及自己時提

到「分離」，在談論家人朋友時，也常提到「分離」的概念。當她在和一個正為了孩子的事而深感頭痛的朋友聊天時，也脫口而出：「你還沒辦法把自己跟孩子分離開來，要分開才對。」

當她提到透過小組諮商和心靈修養課程第一次學會為自己思考時，也沒漏了「分離」這詞。「仔細想想，我為什麼會變成這樣呢，其實是從很小的時候，我就無法將自己和其他人分開來了。因為不能把媽媽和我分開，所以總是要看媽媽的臉色；為了讓媽媽滿意，拚命努力又受挫，但我不知道這其實是媽媽的想法，而不是我的。」宣雅說，透過小組諮商和心靈修養課程的學習，讓她得以實踐了童年時期不能做到的「分離」。

因為「分離」這個神奇的詞彙，宣雅一點一點學會發現和面對自己的方法，也建造出「內心世界」這個與自己相處的家。「以前，我一生氣就不知道怎麼辦，雖然我的情緒是我自己的，但我很容易受它影響，所以老是很難受，也無法自我控制。和老公的問題一變嚴重就陷下去，沒辦法管其他事。但現在不會這樣了，最近已經可以把每件事情分開，也慢慢可以掌控自己的心。」

儘管正在和老公進行離婚手續，但宣雅正以更從容的態度處理這件事，這是以前的她所做不到的。如今，離婚是因為準備好了且有其必要，所以才做的決定，並非要報復老公或心懷怨恨。如果懷著那樣的心態，可能就無法離婚，即使離婚，也不會真正從老公那裡解脫出來。

宣雅用「分離」這個詞來掌控她的心，是一件好事，但把這個詞套用在太多情況，過於快速而肯定地用它來解釋過多事情，卻也妨礙了宣雅正確地掌握問題。因為她把一切都歸結於「內心」是否「分離」的問題上，這兩個詞彙也讓她過分地把問題「心理分析化」，沒有看到問題的社會層面和存在層面，甚至開始迴避真實的問題。不僅如此，宣雅明明知道有一些事情自己說不出口，卻還是用盡心思不予理會。

「當然囉，不是我說要分離就都能分離的。有時候，我知道這是內心的問題，也必須好好區分開來，但還是會懷疑這樣做可不可以真正解決問題。那時我都會想：『其實這也是分離問題的一種啦，因為我分得不好，才會被牽著鼻子走吧！』這些都是我內心的問題沒錯。」宣雅在和我說話時，雖然乍聽之下還提到了另一層面的痛苦，並陷入思索，但很快地，她又會急著用這兩個魔法詞彙作出總結，似乎不想再多做思考。只要觸及更深的層次，她就會快速轉移話題。此時，原本幫助她發現自我並促使她開始思考的詞彙，似乎反倒還干擾了正常思維。

這件事，時不時對宣雅造成破壞性的後果。宣雅每次心煩時都會在電話中說：「什麼都不要！」、「我不要再做了。」、「我現在也什麼都不知道了。」相信自己可以完全掌控內心的宣雅，只要一旦倒下就是完全崩潰。這時的她，不是選擇和任何人說話，而是用高聲呼喊或嘆氣來發洩，再次回到「話語」和「聲音」的世界。

如果說宣雅用「分離」和「內心」這兩個詞彙來縫合自己的傷痛，另一群人則是用社會性的語言來縫合傷痛所帶來的問題。對這些人來說，他們承受的痛苦是社會性的問題，因此他們認為自己需要使用「社會性的語言」，才能近乎完美地闡述痛苦。不同於宣雅把自己的問題心理分析化，電影《共同正犯》李中言的遭遇，就是最具代表性的例子。

只用一種語言處理一切時，就會留下不能無法說明的事物

還有另一種從更高層次來處理痛苦、「心理分析化」或「社會化」的嘗試——受苦的當事人聚集起來，互相分享自己的故事、互相安慰。起初雖仍倚靠心理學和社會學的語言，但最終目的，是試圖超越這個表層，創造另一種新語言；或者也可以說是透過「聊天」的方式來討論、傾聽自己和別人內心的傷痛。在過程中，凝聚彼此的共鳴，並以此為基礎，創造新語言。

宣雅參加的小組諮商和泰錫第一次參加的教師聚會，都是很好的例子。

這就是為什麼近年來許多韓國社會工作團體嘗試舉行「分享會」的原因。受苦的人試圖擺脫對專家的依賴，透過聊天，來創造與現有語言不同的新語言。特別是受害者聚集在一起時，會產生非常重要的同伴效益：他們會意識到，自己的故事並不只是「自己的問題」，並且能慢慢擺脫「自己的問題已經被社會邊緣化了」的悲觀想法；就那些對於談論被害經歷有所顧慮的人來說，這些活動也賦予了他們克服膽怯的勇氣，讓他們克服被害的「恥辱感」——也就是認為都是自己無能才會受害的想法。

如此一來，受害者參加這些聚會後，便得以自我賦權（empowerment）。不再隱藏自己的故事，和其他類似處境之人分享苦楚，擺脫自認做錯的內疚心理，嘗試與自己和解。從社會層面來看，這使他們重建一個「共同的家」；從心理層面來說，則是能重組破碎的心。

然而，有些聚會還是過於快速地將當事人的問題當成社會性的問題來解決，也引導當事人從這個方向去想，結果，造成痛苦的「個別性」變得無足輕重。它在防止痛苦個別化的錯誤時，忽略了痛苦的存在層面並未被消除。因為社會性語言關注的是痛苦的社會層面，而非獨特性和個別化，發生在不同之人身上的特定故事，往往在社會性的解決方式下，過於迅速地被

「同理」這個詞彙帶過，最終，痛苦的個別性就被歸為單一個案或個人陳述。於是在分享場合中，雖然個案的個別性似乎仍被其他人所「聆聽」，但將其「語言化」的場合中，卻往往只殘留下陳述性的社會性語言。

在替代學校*擔任教師的泰錫，也遇到一樣的狀況。泰錫一直認為教育就是他的天職，他的夢想就是在死板的公立教育制度之外，和學生一起生活和學習。他也期待能夠在沒有固定課程課綱的替代教育體制下，因材施教，注重學生的夢想發展勝過對成績的追求，施行適合每個學生的適才教育。

然而教育現場卻完全不符期待，事實上，並不是砸下時間協助學生，就能幫他們找到夢想。泰錫發現，再怎麼從旁指導都無濟於事，學生反而越來越沒有動力。儘管泰錫試圖以學生期待的事物為中心來規劃課程，但學生普遍都「沒有想學的東西」，於是，最重要的事情不再是從他們的夢想來展開教育，先找到他們的學習動機更為重要。這時泰錫才發現，自己原先認為的出發點，其實是終點，但他始終找不到方法來改善學生薄弱的學習意願。

---

* 譯註：類似台灣的體制外學校或實驗學校。

在放牛班學校或專科學校教書的經驗，真的令人絕望，但他沒有強迫學生學習的意思，甚至不太想趕進度。泰錫也無意帶他們準備模擬考，因為在替代學校，沒有任何人需要這種學習。所以他認為，也許讓學生自行體驗的課程更能引發他們的熱誠，課程內容也就是找些周邊的人物來採訪、寫寫偉人傳記感想之類。

但泰錫是異想天開了。學生完全沒有被感動，他們甚至大白天就把窗簾整個放下，呆坐在陰暗的教室中。當泰錫問學生天氣這麼好，怎麼不把窗簾拉開的時候，學生發出了不滿的哀號，說不喜歡太亮的教室。他們甚至也不像一般普通高中生，拿到一顆足球就巴不得出去操場大戰一場，也不願意去運動場，大家只是不分上下課時間地拚命滑手機。

就像美國常見的現象，當家境貧困的父母忙於工作、放任孩子自理生活，往往就會養出過胖的孩子，泰錫也因擔心學生的健康，時常鼓勵他們去外面動一動。但每當他這麼說，學生就會頂嘴，要他「不要妨害他們的夢想」；若問他們的夢想是什麼，學生就說是「用超重來逃避兵役」。第一次聽到時，泰錫以為這大概是玩笑話，只覺哭笑不得，後來才發現這全都是真心的，也真的有學生必須靠著被判免役，才能留在家裡照顧病倒的奶奶。

一開始，泰錫覺得一切都是因為自己無能，所以他努力學習諮商方法，也研究了許多新的教育技巧，試圖找出解決方式。最後他仍舊發現，這些新方法、新學派，在此處都起不了作用。學生的狀態並沒有變好，在拒絕學習、意志薄弱的狀態下，學生只要遇到問題就怪罪爸媽或老師，並覺得這一切都和自己無關。

泰錫不斷研究當今教育造成如此景況的原因，最後發現，這並非個別教師的問題，而是肇因於社會結構。特別在他研究「新自由主義」時，許多疑問都獲得解答。社會已完全兩極化，如果說一端是努力主義者，那麼，另一端就是無論做什麼都意志薄弱的人們，也就是泰錫正在面對的學生們。

在那之後，泰錫在描述自己身為一個教師的憤怒、傷感、憂鬱和受到的冷嘲熱諷時，總反覆提到「新自由主義」，他認為一切都是新自由主義造成的。當席間有人表示個別教師也應該自我省察或努力時，他便會表達反感。他認為，單靠這些並不能解決問題，要大家不要把責任都丟還給老師。在泰錫眼中，大部分的老師都努力過了，而人們一直丟給老師新的要求，正是所謂「新自由主義」的體現。

然而這是有問題的。雖然大家也同意，這是教育的新自由主義化所造成的後果，也因此無論在教師辦公室的行政會議或老師的共學場合上，都無人反駁泰錫，但他的話語已經無意間妨害了老師之間的和氣。當其他教師提出某種教育法之類的技術性問題時，泰錫便跳出來質疑對方沒有看見結構性問題。就算泰錫講的都對，其他教師還是開始覺得和他相處很有壓力，漸漸地，也不太和他聊天了。就這樣，泰錫的語言讓他在教師群體中被邊緣化，而他因教學所產生的痛苦，雖然獲得了乾脆的解釋，卻未因此消除，反讓他陷入被教師們孤立的另一種痛苦。

久而久之，這種好像有魔力的「社會結構說」，讓泰錫逐漸失去了鬥志。在過去，泰錫以教學法和方法論為中心探討問題時，越是努力越失敗的處境讓他感到挫折，是因為這樣，他才從新的體悟出發，以社會學的思考為中心來探討問題。然而如今卻帶來矛盾的結果：因為問題的起因不是來自於教育現場，無計可施之下，他只好放任自己面臨的處境不管。因為在「這裡」無計可施，泰錫只好對「這裡」敷衍了事、用譏諷的態度來面對，但這麼一來，「這裡」的問題就更頑強地殘留下來。在這裡，學生的問題逐漸從社會性語言的縫隙間流逝出去了。雖然泰錫找到的語言是為了說明自己的處境才發現的，但越是用這種語言說話，能夠被說明的，就越只有「社會」，而非他自身。每次參加聊天的聚會、社會科學討論會後，他返家的心情總是非常空虛。

一邊唸頌經文，一邊處理內心，但這難道不是為了迴避痛苦所做的處置嗎？

德龍爸爸就是因為如此，才說要關注語言的空洞性。因為他曾是比誰都還瞭解社會科學語言的學者，因此也很清楚這種語言的極限。當人們以為用這些語言能完美分析所有問題時，有許多部分仍無能被說明，「逍遙法外」。「人類語言絕對無法表達我現在的心情和狀況，這很愚蠢，有很多事是即使說了再說，都沒辦法好好說明的。」

他所說的「人類語言」，大概是以「意義」為核心的語言。人類語言描述、說明和分析一切，即使痛苦亦同。人類的語言能夠發現痛苦的原因、明確地說出其意義，且在掌握原因和意義之後，還能夠將痛苦加以處理，因此人類的語言並不知道何謂「靜默」，總吵吵鬧鬧地傳達著什麼。德龍爸爸覺得，就是因為人類的語言只知道製造紛擾，最後使其被遺忘的，其實是「人類的語言有無法處理的東西」，這個殘酷的事實。

他因此選擇其他魔法語言——「經文」，經文是超越人類語言極限的語言，能乘載其他語言不能乘載的事物，具有力量。唸著經文的同時，德龍爸爸還是能控制自己的思想。此外，那些無能言說痛苦的人聚在一起，也能分享彼此的傷痛、建立療傷共同體。久而久之，經文在德龍爸爸心中，演變成一種能夠改變和拯救世界的社會性語言，並且普世通用。對他而言，經文的力量跨越了宣雅選擇的心理學語言和泰錫擁有的社會學語言所帶來的限制。

德龍爸爸覺得經文發揮了真實的力量，然而這並不是因為經文本身具有意義，而是因為經文包含了一切，透過執行命令，便能改變思想、身體和物質世界。德龍爸爸為了用科學來解釋經文的力量，從研究腦電波到心率波動，花了許多心思，搜羅各種科學觀念來解釋它。不過矛盾的是，他認為我們必須超越人類的語言，卻仍不斷試圖用人類的語言來解釋經文的力量，因為這樣才有說服力。

德龍爸爸將自己與外界隔離了開來，當他和周遭親友談論到這種神奇的語言力時，往往馬上就被周圍環境所孤立，身邊留下的，都是和他一起分享經文的宗教人士。若能稍微輕鬆一點地看待經文，它其實就是一種讓大家產生共鳴並找尋共同體的語言罷了，但這些反而讓他們被「世界」孤立。就算經文原本是能改革那個「世界」的語言，但經文並不存在普遍性。

具體性也是一樣的，儘管經文是一種連無以名狀的事物都能容納的語言，但它無力具體地描述、解釋和分析德龍爸爸的痛苦。雖然德龍爸爸說他已透過經文成功管控自己的心，但經文並不能幫助他直視痛苦、陳述傷痛，反而使他逃避直視與對抗痛苦，因為每當痛苦的記憶襲來時，他就馬上唸誦經文，以迴避面對疼痛。

宣雅、泰錫、德龍爸爸的故事告訴我們：只有一種能夠清楚解釋痛苦的語言，那就是所有經文的總合。痛苦有三種層次，分別屬於社會、關係以及存在三個維度，在這三個維度中，構成了可供安住之新世界的語言，這些語言各有不同。因此沒有什麼「魔法詞彙」可以讓我們在識別痛苦的社會層面時，也能同時對周遭的關係產生同理，並看到痛苦的存在層面。換句話說，沒有所謂的「魔法詞彙」可以同時建構世界、周圍關係，以及內在。這裡所說的詞彙，就是「經文」。無論是社會科學語言、心理學語言、或是真正宗教性的經文，都很難、甚至幾乎不可能解決痛苦的各個層面，並述說那份痛苦，然而「經文」會妨害我們面對這個事實，大家都只是在唸誦個人擁戴的經文罷了。

6.

無論怎麼說，有些事仍說不出口——勇敢面對那些說不出口的事

人們透過語言，建造出可和他人共享的房子。房子不是一人獨居之處，縱使獨自一人，我仍然和「我」在一起，而語言是與他人或自己相處時，必不可少的要素。如果沒有語言，即使與誰待在一個地方，也不是真正地在一起，而是兩個孤立的個體。唯有透過語言，才能讓我們即使獨自存在，也和誰在一起，這時，我們才會成為有居所可安住的存在。

不能說、說不出口，就代表不能建造居住的「家」，這也是痛苦帶來的難題之一。一旦有人發現心懷無法說出口的痛苦，這個人便會失去建造房子的工具，原有的房子也會跟著崩塌，原本像房子的存在，也不再能夠居住了。因為這時，那個人所使用的語言並不能與任何人交流，他無法再和任何人待在同一個空間，只能被拋下，並擁抱孤獨。

值得注意的是，在我們面對痛苦且喪失語言的瞬間，我們摧毀的不只一間房子。若把目前為止所提到的所有案例作個整理，會發現失去語言、找不回語言而陷入崩潰、再也無法重建「共同之家」的狀況，大致分為三種：其中一個是社會維度的房子；另一個是與同儕一起建造的房子；最後則是自己也住在其中、名為「內心世界」的房子。而痛苦的恐怖就是這樣一一破壞了所有房子，將人驅逐。

如果我的痛苦被視為社會的苦難，那麼，我不知道我是否還能再站起來

首先，讓我們來看看「社會」這個房子。社會只聽得懂它們自己宣揚的那種語言，其他語言都沒有用，其中最具代表性的例子，就是前面提到的法律了。曾經和律師講過話或上過法院的人，應該都可以徹底體會，無論我們再怎麼表達，只要那些痛苦和被害經歷不被法律採納或記載，我們說的話就沒有價值。以法律來說，就是沒有根據。

「缺乏法律依據」這句話，意味著無法用法律語言來表達痛苦的實際意義。在這種情況

下，哭訴痛苦的話語並不是「話語」，只是「聲音」，而人們在聽到聲音時所能激發的，往往只有同情心。也因如此，在訴諸法律時，可以聽到的唯一答案，通常是一句「很抱歉，我們無能為力」。當人們碰到「己身痛苦在社會上被判定為毫無意義與價值」的高牆，便會無可避免地感受到更劇烈的痛苦。痛苦本身已經是無意義的，但沒想到連試圖解決痛苦的訴求都被認為沒有社會價值，這個結果會讓人瞬間失去存在感，陷入無以復加的痛苦。

對於不說話就活不下去的人來說，可以選擇的作法就是不斷轉移聆聽對象，就像在熙媽媽把上醫院當成逛街一樣。事實上，也有人為了訴苦而四處走訪法律事務所，把它當成逛街，但是他們說的話，最終仍難跨越體制的門檻。為了訴苦和解決問題而到處求助的他們，大多只換來了沮喪。

無論是精神上或身體上，痛苦本身都是難熬的，但痛苦引起的繼發性傷痛，則來自於其自身的無意義。「勉強」能夠克服這種無意義感的唯一方法，就是當人們發現痛苦具有社會和歷史意義時。民間神學家鄭容澤將此稱之為「從痛苦轉換到苦難的過渡」，儘管人們無法完全克服痛苦的無意義，但是，當個人痛苦成了在社會或歷史上具有意義的「苦難」時，便得以跨過無意義，找到重新站起來的支點。

然而，當社會拒絕認可痛苦的社會或歷史價值，或無故剝奪其權利時，痛苦就不能被轉換成苦難，還是必須由個人單獨處理。儘管當事人認為他的痛苦是社會和歷史問題，必須與他人一起承擔，但是當社會拒絕了他，他的痛苦就會成為純粹因心理因素引起的痛苦——也就是「痛的症狀」之類的存在，甚至只是找不到肉體證據和治療方法的痛症罷了。

這就是馬克思將宗教稱為人民的「鴉片」的原因，宗教會一次就將個人痛苦歸結在歷史困境上。其中，在二〇一四年被提名為韓國總理候選人、最後不幸落馬的文昌克先生在教會所做的演講，就是箇中代表。他認為韓半島遭日本占領而受苦的歷史，是上帝為了鍛鍊大韓民族所丟下的試煉，因此殖民統治其實是要讓大韓民族覺醒，是為了認知己身過錯而無法避免的過程，藉由這樣的手段，他正當化了不正義的殖民統治。

德龍爸爸則是比這個案例更往前跨一步的例子，是宗教處理苦難的無意義課題時，所窮極出來的最終答案。對他來說，痛苦已經超越了歷史意義，躍升為「大世界」的層次。造物主所製造的痛苦，是為了實現大世界層次的救贖所刻意帶來的苦難，而這個苦難是被選中之人才會經歷的，所以相當神祕。想當然耳，這種語言必須以一種他人無法聽懂、又帶有神祕色彩和力量的「咒語」形式加以包裝。

真正的「傾聽」，雙向的「對話」

在試圖將個人的痛苦連結到社會、歷史，和大世界層次的苦難上時，最重要的就是同儕團體，或是我稱為「周邊」的家。德龍爸爸參加宗教團體以獲得心靈安定；宣雅透過小組諮商讓自己恢復；泰錫在教師聚會中分享自己的經驗，以找出教育問題的解決方法，這都是周邊的力量帶來的。周邊的力量替那些因痛苦的無意義而備感煎熬的人們，恢復了重建「存在的家」的語言。

藉由參加教師會議而重新看到社會和自己的泰錫，便是典型的案例。當他在會議上與其他老師交談時，他意識到，有些問題雖然他起初認為跟自己有關，實際上，卻是政治和社會因素所造成的。於是他超越了自我、與他人的經歷相遇，開始意識到你我彼此交流的「社會」。在這段過程中，自身的痛苦也超越了個體性，獲得社會與時代的普遍性意義。就像這樣，他透過與「周邊」相遇，找到了將受困己身的痛苦普遍化的力量。

有句話說：「讓出我們身旁的位置」（周邊），我們身旁的位置可以成為別人的支柱。作為朋友，關心和歡迎對方的舉動就是讓出自己身旁的位置。因此當我受苦時，我也會希望身旁的人能比誰都還率先聆聽我的故事。我們期待的是，即使不用言語表達，也有人同理、同感這份痛苦，這就是「周邊」這個親密的世界所具有的特性。

然而痛苦有時會破壞這層周邊世界，在熙媽媽就是一例。她有時會對老伴和孩子大吼大叫、抱怨自己的痛苦：「我每天照顧你們，好不容易熬了五十幾年！你們不要說是五年了，連五天都不能容忍我嗎？」這句話就是她抱怨的核心。每次講這些話時，在熙媽媽就會特別委屈和憤怒，眼淚都忍不下來。她無法忍受被拋下的感覺，且徹徹底底感受到自己曾經最寶貴的關係根本不值一提。「都沒用啦！反正人生在世，所有人都是一個人，真不曉得當初幹嘛這樣掏心掏肺養那些窩囊廢，我真是蠢上天了！」

在熙媽媽的這些話，讓她的老伴和孩子時常感到內疚和疲憊，於是一家人會試圖用各種好話來安撫她的寂寞。這時，嚐到一點甜頭的她，就會期待已久地不斷反覆嘮叨她的身體毛病。面對她的「上訴」，家人根本找不到回應方式。話語被丟過來了，卻沒有話語可以投回去，因為在熙媽媽的怨懟只是「聲音」而已，並非語言。她的話語，其實一開始就不是一種可以維持並守護周邊關係的語言，當然，隨著時間的推移，家就被毀掉了，惡性循環屢屢重演。

在「周邊世界」中，最重要的是「傾聽」，這裡說的傾聽，不是大家以為的那種點點頭、努力聆聽的動作。「我能做什麼呢？還不是只能在旁邊聽而已……」，說起來像是有在聽別人說話，但很顯然只是嘴上講講。不管對方有沒有真正地「發出聲音」，傾聽這個動作都需要有來有往才行，僅有點頭的動作，並不表示給了對方回應。如果想要建立雙方的對話空間，傾聽就必須互有來往，沒有回應的傾聽，就不是傾聽。

如果痛苦的表徵是「訴苦」，那麼，痛苦把周邊破壞殆盡的原因，就是來自於訴苦的單向性。因為訴苦的話語只能單方面說給人聽，卻無法被應答，這就不是一種可以在自我和他者之間建造對話之家的語言，而是強迫聆聽的語言。當然，聽眾並不是無話可說，但即使聽眾予以回應，訴苦的人也不會聽，因為此時的訴苦是單方面的，它沒有聆聽的空間。就像在熙這一家子，無論家人如何回應母親的苦，所換取的，也只是她不斷反覆說著自己想說的話而已。

受害團體聚集在一起分享經驗、透過同理來尋找痛苦的社會性和歷史性意義過程中，時常看到上述的現象。雖然在某些情況下，我們還是能透過互相傾聽來獲得一些對事件的啟發，或對自己的理解，不過，只要有一個人在聆聽他人經歷時，沒有體會到痛苦和受害的普遍性，反而像在熙媽媽一樣只顧對他人訴苦，那麼，就會暴露出聚會的脆弱性。

當一個人只顧對別人吐苦水、卻不聽對方說話時，沒有人會想聽他說話，因為他並不期待聽眾對他的話有所反應。這些人往往會希望對方聽他們說話時不要回答，但若拒絕對方「應答」的「話語」，就不可能在人與人之間建造一座對話之家，這些話甚至還會摧毀原本已築好的對話之家。這種態度也正是為什麼有些人很難為自己和社會建立出溝通的語言，即使費了心思建造，也很容易遭到破壞。

而另一種破壞溝通語言的方式，就是太快為「對社會的認知」下結論，如同泰錫。泰錫透過教師聚會將受到的痛苦普遍化，從而擺脫了孤立感。然而隨著「社會學語言」成了能夠解釋大多數教師和教育領域難題的神奇詞彙時，他便不再認真傾聽其他教師的痛苦。

如果在熙媽媽是要求對方只聆聽而不回答，那麼，泰錫則是不聆聽就回答了。後者是忽略了痛苦的個體性，只將個案視為社會性問題的另一佐證，這麼一來，泰錫的周邊也不是人與人之間可以討論痛苦的空間，反而是大家顧忌談話內容、不想對話的場域；又因為這些對話並不能媒介任何事物，不僅不能建造對話之家，還把原本的家變成了廢墟，留在這個家裡的只剩泰錫，而泰錫也只是一個在自己家裡遊蕩的幽靈。

痛苦無法說明白，但和痛苦搏鬥的過程可以

如同前面所說，矛盾的是，當足以解釋泰錫痛苦的「社會學語言」能夠說明痛苦的一切、成為一種魔法語言時，泰錫所經歷的痛苦中，個體性都變得微不足道，不再需要被闡明。雖然一開始，他透過教師聚會找到了這種可以解釋和分析痛苦的語言，但現在這種語言卻成為阻礙他自己和其他教師經驗的絆腳石。那是因為，他重視對基本「結構」的理解，更甚於現象之故。

德龍爸爸的案例亦同，他透過經文把自己的痛苦立刻昇華成一種宇宙級別的苦難，修行同樣經文的人，就能夠擁有大家一起參與了苦難的同儕意識，還能以此為中心來打造自己的周邊群體，並加以延續。就在為痛苦賦予宇宙級的意義時，德龍爸爸再也無法面對痛苦的個體性，也就是現象性的過程。在宇宙意義下，痛苦的個體性消失了，痛苦的存在性維度也就隨之失去了意義。

對德龍爸爸來說，自己內心中的另一個「我」，只是虛像以及宇宙的影子罷了；對泰錫而

言，這種「我」也只是社會結構的衍生物，並沒有個性。個體性本身已經失去了意義，只不過是另一個更巨大的東西——人文社會科學中稱為「他者」（the other）的主體——的影子而已，因此沒有必要擁有能夠處理痛苦存在層面的語言，甚至可以說，這只不過是讓我們執著於虛像的障礙物而已。

對於德龍爸爸來說，不被這個陰影誤導是很重要的，所以每當痛苦的存在層面躍上心頭，他就會開始唸誦經文。然而在另一端，泰錫的經文卻沒能發揮這樣的效用。儘管他在別人面前總是強調社會結構，但只要有一種無法完全被歸類在結構中的痛苦侵入他的思想時，他便深感沮喪。當他獨自一人時，他會因為缺乏面對自己的語言而深刻地感受到孤獨，因為打從一開始，他的社會學語言就不是那種「因為沒辦法說，即時不說出來也可以被當作已經說出來的『能指』（signifier）*」。

宣雅的情況則完全相反，她能夠運用周邊的語言來回望自己，找到重新反思的機會，藉此

---

* 譯註：符號學概念，也叫做意符。可以是一個字符、一段聲音，或一切可見之物作為符號，背後對應的是集體認同的意義。

建立一個內心的家。然而宣雅的困境和德龍爸爸與泰錫不同，追求「對自己的認知」成為一個沒有終點的黑洞，因此無法展開對痛苦的社會性認知的理解。在埋首於處理心靈的語言時，社會語言的建構反而退步了。宣雅反覆強調「這一切都是心理的問題」，為了解決，我們必須將問題加以分離，於是對宣雅而言，痛苦代表著處理心靈的失敗，而痛苦讓人垂頭喪氣也是心靈管理的失敗，因此「在管理心靈上要更精進才行」。

在熙媽媽則是三種層次的語言——社會語言、周邊語言、內在語言——全部崩壞的狀態。她的抱怨始終傳不出醫院病房，她的話語削弱了用盡一生建立起的周邊群體。當別人說痛苦可以是回頭關照自己的契機、要她多多關照自己時，她卻認為那些話是種諷刺。在沒有社會、周邊群體扶持，也沒有自我的情況下，在熙媽媽只能每天抱怨和哭喊、繼續破壞那重要的三個世界。對她來說，痛苦徹底沒有意義，這些痛苦再一次毀掉所有語言，留下的只剩下已經受傷的個體——他們的聲音。

在熙媽媽的故事是最痛苦的例子。那些遭受痛苦之人，再怎麼想，都想不透自己為何受苦，再怎麼問，都不會找到答案。如果硬要為痛苦找出意義，恐怕只會失敗。即使它真的有意義好了，也不是痛苦本身便具有的，而是承受痛苦之人事後賦予其上的意義，這裡的意義不是被找出的，而是被賦予的。

泰碩的「社會性語言」、德龍爸爸的「宇宙性語言」（通用語言），以及宣雅的「內在語言」，都是事後賦予的意義。人其實可以透過這種事後追加的意義，找到繼續生存的希望、超越痛苦往下走，拒絕賦予意義，才真的是抹滅痛苦的社會性、歷史性以及實存性價值的虛無主義自殘行為。

然而這些語言都無法真正「封印」痛苦的無意義，以及痛苦的無意義本身所帶來的更深層痛苦。我也一直試圖使用上述例子來說明，人們想用某一種語言（例如經文）來縫合另一個維度的傷口，必定是會失敗的。當在某種層次的痛苦中，賦予意義並重建該世界的語言超出了該層次的屏障，成為一種具支配性的魔法語言時，它就會矛盾地停留在「話語」本身，成為一種經文。

此處的弊病是相當棘手的。經文會偽裝成當事人自己的話語，為事情賦予意義並進行溝通，同時經文也試圖去縫合那些即使說了也不被傳達的，或是不能被說明的痛苦。然而如同前面所述，經文只是一個「空記號」，在「空記號」上添加意義並傳遞出來的，並不是話語，而只是「聲音」。

問題在於這種「聲音」偽裝成「話語」的模樣，壓抑人的真實聲音。人們是因為不能說話才用聲音呼喊，卻讓旁人誤以為那是當事人真正想說的言語。經文也讓受苦之人忽視並壓抑了自己當下只能發出聲音的事實，讓他們誤以為必須壓抑大聲哭叫的舉動，才能講述自己的痛苦，但那正是經文的欺騙。經文本身也在哭嚎著，卻同時貶低和壓抑哭嚎這個行為；即使它自己也是種哭嚎，卻同時掩蓋了痛苦就是只能哭嚎出來的事實。痛苦就是這麼讓人疲憊，讓人不得不哭泣，又因為無法述說，而使人面臨難以遏止的孤獨感。無法承受這點的人們只能哭泣，但經文卻加以打壓和掩蓋。

除此之外，經文還假裝已經把當事人想說的話都說完了，這讓真正想描述痛苦的人無法開口。明明無法開口述說、卻以為自己已經說完了，這個結果，造成痛苦之人無法徹底感受到痛苦和話語之間的關係——也就是痛苦無法被述說的事實。當人們以為自己已經全部都說完的瞬間，就已經開始忽視自己缺乏的，或是那些無意間流逝之物。

這就是為何不停唸誦經文的人無法思考自己能說些什麼關於痛苦的事。我們不能因為痛苦無法被述說而放棄討論痛苦，反而應該努力找出我們能說的話語，但唸誦經文的人卻連這種掙扎都放棄了。所以即使看似很平和，某方面卻是放棄成為可以說話的實體；明明陷在一個沒有語言的狀態，卻錯誤地認為還有語言，最後連真正的存在語言都將永遠遺失。

痛苦本身只能哭泣的事實，並不意味著我們必須放棄所有語言的可能性，也不表示每種語言最終都很虛無，所以乾脆不用去嘗試。因為經歷痛苦過後，留下的並不只是災難，也不代表沒有重建的可能；這種對語言的可能性所下的災難性結論，都只是經文的欺騙行為，這讓德龍爸爸所說的「經文裡包含一切」和在熙媽媽所說的「一切都結束了，一切都沒有必要」兩句話，恰恰結成了害人的狐群狗黨。

一方面，我們要警惕「當事人有能力完整描述痛苦」的假設；另一方面，也要面對「因為痛苦無法被述說，就沒有必要描述」的誤會。即使痛苦無法被述說，但我們仍有必須要說出口的「什麼」。

那必須說出口的，是什麼呢？雖然我不能描述我正在經歷「那件事」的痛苦，但我可以說我正在「承受」痛苦。亦即我們可以去訴說我們徹底體會到痛苦無法被說出口的過程，以及和那些不能被說出口的痛苦纏鬥的經歷。這不是去把痛苦描述得更加明白徹底，而是透過向外界說明痛苦不能被述說的行動，來和痛苦不能被述說的事實纏鬥。這樣的作法，讓我們不會只是無能為力，反倒讓我們得以好好面對這個無能為力的狀況、勇敢對抗，最後才能夠同時記下痛苦，以及痛苦的無能為力。當我們不是試圖去說明痛苦，而是試著去說明痛苦那種無法被說明的挫折感時，我們和聆聽者就能傳遞痛苦、共享痛苦、溝通痛苦，這時，才能真正開口說話。只可惜，經文卻是將這條道路封鎖的惡源。

7.

我以為只有我很寂寞，沒想到痛苦的人都很寂寞

——痛苦所帶來的寂寞感是相通的

痛苦的最大特點在於，對受害者來說，痛苦具有絕對性。無論身旁的人如何將這份痛苦拿去與其他人的相比，說明這份痛楚其實還可以忍受，這些話都無法被受苦的當事人聽進去。即使只是指甲下的一根刺所引起的疼痛，都比別人的不治之症來得難以承受。痛苦大部分都無法比較，許多試圖透過比較來證明自己的狀況比別人更好的案例，通常都以失敗作結。

在熙媽媽就是代表。在熙在媽媽訴苦時，總會提到朋友的媽媽，希望藉由說明病痛是中老年的普遍現象，來平緩媽媽心理的不平衡，但媽媽一點也聽不進去。有時在熙甚至會提到自己也有朋友已經過世、自己身上也有各種病痛等等，說些以前怕媽媽擔心而沒有說的話，但媽媽聽了也只是稍微停頓，過了不久又故態復萌。不管什麼話，都不能打倒媽媽感受到的那種痛苦

的絕對性。

因為痛苦有這種特徵，除了具有強大省察能力的人以外，痛苦幾乎沒有被溝通的可能。一開始，受苦的人會因為遇到和自己有類似病痛的人而開心，也多少會認知到自己的痛苦是普遍的、並非獨一無二。但越是與其他人分享，就越覺得還是有哪裡「不同」，於是不再從自己和他者之間找尋共同點，反而會開始從微小的縫隙找尋「差異」，如此一來，無論多麼雷同的經歷，都可以從中找到痛苦的單一特質，從而感受到深沉的寂寞。

這份寂寞，就是讓宣雅找上小組諮商、心靈修養課程的原因。她不想透過他人的力量來獲取共鳴或安慰，而是想努力培養力量以自我安慰、自我面對，也就是身心科醫師常提到的「心靈的肌肉」。對此，宣雅是這麼說的：「當時所做的努力，在後來老公破產時，變成讓我度過難關的強大力量，如果之前沒有受過這樣的訓練，我大概是無法熬過去吧。」

宣雅也知道她經歷的問題不僅僅是心理的問題，但她仍然把「心理」和「分離」這些像是咒語的詞彙掛在嘴邊。當我問她是否因為太常講這些話題而和朋友疏遠時，宣雅停頓了，接著又面露憂鬱地重複說：「那樣的話，其實也是我朋友的心靈沒有好好分離的問題。」如此這般，宣雅直接展示了魔法般的咒語（經文）如何偽裝成問題的解答。

在聊到這些時，宣雅邊嘆氣邊說：「如果不是心理的問題，那又該怎麼辦呢？我別無選擇，現在能動的只有自己的心了。」的確，宣雅能做的就是控制自己的心，因為無論是自己的痛苦或是經濟的難關，她都無能為力，只能被迫受害，和老公的關係也老早就破裂了，只剩下程序要走而已。

「一切都是心理的問題，必須分開處理。」現在，宣雅的話已經從咒語變成了冷靜判斷現實和自己有多少力量的語言。與其在那些無能為力、只能承受的事情上煞費苦心，不如專注在自己能做的事情和力量上。借一句希臘諺語來說，就是「專注於己」。「從心理上分離」是宣雅現下能夠專注處理的唯一一件事，從這點來說，宣雅的話不是欺瞞自己的咒語，而是幫助自己專注在己身的「權宜之計」。

如果咒語只停留在咒語本身，會阻礙話語的生成。但作為權宜之計的咒語，卻有所不同。它是一種特效藥，可以幫助人在提高自身能力或找到其他方式來面對之前，先撐過眼前的困境，所以才會以「權宜之計」稱之。更好的是，這種彷彿偏方的咒語，在當事人自身能力提高或找到其他方式來面對時，便會顯現出自己不過是替代方案的表徵，進而自動消失，就像過河後要轉身扔掉的木筏一樣。相反的，不是權宜之計的另一種咒語，卻會在過江之後依然被頂在頭上。

即使仍然像唸咒一樣，始終把「心理和分離」掛在嘴邊，宣雅承認自己其實也覺得要和這兩個詞保持距離，也就是從「分離」離開。「說來有點好笑，但我認為，現在是時候讓我和『分離』這句話分開了。生氣的時候，我常常試圖將自己從憤怒的自我中抽離出來，但我應該沒有必要這麼悲慘吧。生氣就生氣，只要不要一直生氣就好了。」她說，以前會因為發火而難受，但最近生氣時總會想著，只是發了發火罷了，比以前更容易放下情緒。

在田野上走著走著，便會開始看到「外面」的世界

宣雅最近常常步行，上述想法也是在走路過程中油然而生的。住在一個城鄉混合小鎮的她，每天沿著四公里的田邊小路散步。在我和宣雅結伴散步的那天，她曾說道：「看著這片田野，心情真的變得很平靜，不管是山還是田都好……」起初，只是因為混亂的心情讓她很難受，才開始步行的，但走著走著，她卻開始看到了自己心靈的「外在」。在看著「外在」時，

便能忘卻自己的心，自然而然地就把自己和心靈分離了開來，暢快地笑出來。宣雅說，那就是平靜。

宣雅因為「外面」這個概念而感到欣喜，並開始觀察在那之後的自己。還記得她在小組諮商中第一次感受到喜悅、開始為自己思考，就是因為發現了「外在」的緣故。以前她總認為自己沒有做錯任何事、滿腹委屈，卻在聽了其他人的故事後，產生不同的啟發，也感到很新奇。於是這種「外在」的存在反而創造了自己的內在世界，在宣雅思索「別人可以這樣想，那麼，為什麼我會那樣想」的過程中，逐漸建立起她的「內心世界」。

並不是說往裡頭窺看自己的內心，就是專注於己身之上。宣雅的例子清楚地告訴我們，唯有覺察外在，才能真正看透自己的內心；只有在目光轉向外面的風景並能聽見聲音時，我們才會為自己思考。「專注在自己身上吧！」這句話絕不表示我們需要忘記外在、一味往心裡頭鑽。只往心裡頭鑽的作法並不是專注於自我，反而是陷落的表現，在這種陷落的狀態下，別說覺察外在了，也不能正確地看待自己。

在熙媽媽其實就是處於陷落在自己內心的狀態。她忘記了、也失去了整個世界，只剩下自己一人，因此當然也不可能對自己有所感知。她在自我內心裡迷失了方向，也因為弄丟了外在，誰的話語都無法傳進她的耳裡。從外面傳來的話語，對在熙媽媽來說，不過只是噪音，能夠聆聽的耳朵已經消失了，於是也不可能像宣雅那樣回頭觀看自己。痛苦就像黑洞般吞噬了外在，成為內在的狀態。

《正午惡魔》的作者安德魯・所羅門曾以老樹作為比喻，當老樹已經被盤據在身上的藤蔓植物給纏住而死透，但卻仍保留著老樹的型態，從此之後，老樹看似依然活著，但實際上存在的不是樹，而是把老樹殺死的藤。如此這般，失去外在而陷落在自己內心深處的人，就好像被藤蔓吞噬的老樹一樣，空餘形體，這時人就受到痛苦和憂鬱的壓制，變成只留下形體的「空殼」。

穿過田野的宣雅，走向了與在熙媽媽完全相反的道路。曾經老是提到「心理和分離」之道的宣雅，反而透過發現外在世界，而得以從她的心靈抽離。走路的好處是雖常有獨自行走之時，卻也偶爾有人相伴，我們在和朋友於田邊散步時可以談許多事情，聊聊自己，也聽聽別人的情況，在路上，我們便能遇見「外在」，亦即別人的故事。

宣雅說，走在路上聊天所創造的情境，和進到某個場域分享時完全不同。雖然在一個空間停下來談話似乎更能專心聆聽彼此，但實際上卻更可能產生摩擦；走路聊天時，縱然對方的想法和自己不同，也只要請對方講更多能引發好奇心、讓自己想聽的故事即可。就算真的不想繼續聽同一件事，在路上，也能輕易把話題轉換到周遭的田野風光。有些行為，坐下來分享時會被當成打斷對方說話，在走路時卻可以被輕易帶過。

走路時，即使在聆聽別人說話，也能反過來專注在自己身上，但這不會導致忘記對話、只顧專心想自己的事，而是邊走路邊聊天時，人們往往能夠自然而然地反思：「他是這樣，那我呢？」順其自然地把焦點轉換到自己身上，接著再把想到的經驗告訴對方。這時所說的故事就是「補充和分享的內容」。坐在一起說話時，大家各自的意見往往容易引發討論和爭議，但散步時說的話語卻很容易變成一種補充和分享，宣雅將其稱為「走路的奧祕」。

在和她散步時，她告訴我，最近市面上出了很多關於走路的書，並推薦我讀雷貝嘉・索爾尼（Rebecca Solnit）的《浪遊之歌》（*Wanderlust: A history of Walking*）。她笑著說：「我現在很難讀書，你讀一讀之後，告訴我它在講什麼就可以了。」這樣的要求，在坐著討論的場合是很不禮貌的，但在散步時說出來，就沒有什麼大問題。既然能讓「同行」的宣雅高興，我也欣然同意，我告訴她，以後很願意跟她說說那本書的內容。如宣雅所說，「走路的奧祕」就是這般發揮了作用。

在和宣雅同行時，我漸漸發現伴隨著宣雅的那些痛苦故事，主題已經變得輕柔許多。在那之前，她一直專注在「為什麼」之上，一直想知道為什麼她必須受這些苦，研讀社會學和女性研究書籍的原因也是如此。那些書籍非常明確地解釋了痛苦的理由，但知道原因並沒有讓痛苦消失，所以她才又參加了小組諮商和心靈修養課程。她一直沒有從外在，反而從內在不斷尋找著原因。雖然這是一種鍛鍊心靈肌肉的良好過程，但那些都不是痛苦真正的緣由。

宣雅之所以問「為什麼」，其出發點不僅是為了找尋根源，其實還包含找尋「意義」，是關於自己為什麼要經歷這些事的問題。她試圖透過社會學和心理學的語言找到它的意義，也確實找到一些解釋，然而那些話語，雖然告訴了她疼痛的意義，卻不是「為什麼是我？」這個問題的答案。痛苦的存在性，以及盤據在存在性之上、被稱作無意義的空虛感和虛無感，始終存在著。越想闡述它，越顯得徒勞無功，也因此越是談論痛苦，越是讓宣雅覺得自己唯一需要的，就是能讓自己乾脆地逃避那份痛苦的「咒語」，亦即經文。

至於經文瞬間變成解救宇宙或是社會整體的訊息，可從德龍爸爸和泰錫的例子上看到。對他們來說，痛苦是充分具有意義的，因為唯有透過苦難才能拯救宇宙、改變社會。透過唸誦經文，他們便能從一名在無意義的痛苦之下忍受煎熬的受害者，轉變為一個拯救宇宙和社會的主體，然而這種「過度主體化」卻像前面提到的，很容易破壞周遭群體，並妨害人們發現內在世界。

寂寞之人的寂寞：寂寞的普遍性會開出一條路

痛苦的原因、意義和實體不能被闡明，就會讓人越是想討論它，但結果也越容易陷入無法說明痛苦的「絕望」。我認為如果要關注痛苦的實體，與產生痛苦、發展痛苦本身的心理機制，那麼，去關注日漸進步的醫學或腦科學專家的最新理論，會好上很多。在我看來，痛苦的現實問題已從社會科學轉變為自然科學議題，自然科學比起以往任何方式都能更準確地識別它們。

然而即使科學能夠掌握痛苦的實體和心理機制，痛苦還是不能被述說的。這句話不代表人們無法瞭解痛苦的實體和意義，而是指受苦之人經歷的痛苦具有絕對性，因而無法精確地傳達痛苦給其他人。無法說話就無法傳達，無法傳達的事實則無法被添加和補充，也不能被分享，這便顯示了痛苦的無意義。

宣雅從小組諮商到開始在田野間步行的期間，她遇到的那些人們所感受到的痛苦，都有「寂寞」的影子。當宣雅在和痛苦的絕對性搏鬥時，曾陷入只有自己一個人苦熬、其他人都不能理解自己的絕望裡，但當她發現了外在、聆聽外在的聲音時，宣雅懂了：所有深陷在痛苦之中的人都感到寂寞，並因為這份寂寞而更加痛苦。「我以為只有我一個人寂寞，但那不是真的，每個痛苦的人都很孤獨，也因為寂寞，而更覺得日子難熬。」

因為痛苦是絕對的，所以痛苦無法傳達給他人，然而那樣的絕對，卻有其普遍性。痛苦的人總是把自己關進「只」屬於自己的世界，而痛苦的絕對性並非「自己把自己」困住而已，而是「別人」也會如此。當我們能瞭解到自己所感受的孤獨程度與別人無異時，人和人之間便能彼此憐憫。儘管痛苦本身具有絕對性，無法交流或令人產生共鳴，但不能交流和產生共鳴這點，正是所有痛苦的共同點，當人們能認知到這件事，那麼，痛苦的絕對性就將成為「痛苦的共通點」。

在這裡，討論痛苦變得可行，人們可以試著說出痛苦的絕對性所帶來的寂寞，以及嘗試面對、超越這份寂寞的自己。雖然寂寞破壞了世界、孤立了人們，但領悟到這份孤獨感其實很普遍之後，卻能讓寂寞開始交流。有些話，我們可以告訴那些陷入苦海的人——聊聊自己的掙扎，「痛苦」會演變成「寂寞之苦」，也因此只有瞭解「痛苦即孤獨寂寞」的人才能相互溝通。然而，這正是經文所阻止我們瞭解的。

這和基督教《聖經》很相似。《聖經》記載的其實不是關於神的故事，而是信徒們如何感受神、如何透過體驗神來改變個人生活，顧名思義，是信徒的「信仰體驗記」。而痛苦也類似，談論痛苦，並不是要描述它是什麼，或探究它有什麼含義，要討論的是在痛苦和源於痛苦的寂寞之下，當事人的生活如何被改變了，以及他們孤軍奮戰、面對與克服它的奮鬥史。這是對自己經歷的紀錄、是對自己的告白，而這一切都是相通的。

不僅是那些先醒悟的人會有所體會，在聽聞了這個故事的人身上也會發生同樣的事。當我們發現，有人和我們一樣知道自己很孤獨時，就能夠跨越只能發出聲音的障礙，真正開始說話。當有人能聽懂我的「聲音」，我便會和「他」說話。不僅僅是基於「他會聽我說話」的「期待」，也是基於當我有這種期待時，便會盡量說出對方能夠「回應」的話語。正因為想要獲得回應，才努力說出那些能夠獲得回應的話；同樣想回應的對方，也會意識到我方對回應的期待。被痛苦破壞的周遭世界會因此開始改善，人際世界就必須像是如此，透過真實的對話，慢慢復原。

第二部・痛苦的社會學

關於展示和消費痛苦的機制

1.

要說得「更強烈」才能引人注目
——讓存在感陷入危機的成就主義社會

第一部所談到的，是痛苦外部語言的荒涼風景。痛苦的人認為所有話語都沒有意義，因為不管說什麼都徒勞無功，但可惜的是，人類並不會這樣就停止思考。不管我們覺得那些話語多麼無用，最終，話語還是會無休止地躍上心頭：我為什麼會有這樣的遭遇？這件事會有盡頭嗎？因為思緒永遠不會停止，腦海裡因此充斥著各式各樣的語言，它還不只是打結得亂七八糟的絲線，而是像硬化的口香糖般棘手。

也因如此，受苦的人更需要語言。他們需要一種語言，來幫助自己抵擋那些既看不到終點也毫無用處，卻不斷竄出的念頭；他們需要一種語言，能夠區別痛苦的原因和理由，不流於自我責備，反而能提高自身力量；同時也是那種語言，讓我們瞭解苦難的普遍性是孤獨寂寞，並讓我們學會與其他孤獨之人交談。

這也是為什麼我們在受苦者身邊需要使用「謹慎的語言」。能夠謹慎運用語言的人，不會平白給予虛妄的希望，但同時也不會使人落入絕望。就像我曾聽過的一句話：我們需要的，是能夠鍛鍊肌肉的語言，這種語言不應該將一切都歸納成心理問題，而是幫助患者辨別痛苦的原因。在受苦者周遭的人，必須先從痛苦的社會層面、周邊關係層面，以及內在世界層面來判斷自己處於什麼位置，接著才對受苦者說話。從這個角度來說，不慎重使用語言是不行的。

但正如我們在第一部中所見，受苦者身邊的語言，大多數都離謹慎二字相當遙遠。他們大部分時候都在試圖安慰或說明原因，但並不謹慎。說話者不知道自己正在對著什麼說話，因此就像在受苦的人面前胡亂丟出一包藥，說是治百病的仙丹，混淆受苦者的心智。有時用的是社會學的語言、有時用宗教性語言、有時用心理學，這些話語也許能暫時幫忙忘卻痛苦，卻也在很多時候直接毀掉痛苦的人。

所以我想討論的是，為何謹慎的話語逐漸在受苦者周邊消失。但是，這並不意味之前就有多少謹慎的話語。事實上，在過去，受苦者周邊也少有嚴謹之言，若有的話，新興宗教就不會如此繁榮。

不過，很明顯的，現況仍與過去不同。首先，痛苦的故事正快速增加中。過去人們對於談論痛苦抱持著謹小慎微的態度，認為暴露痛苦容易揭示自己的弱點，往往不願意透露自己的狀況，討論痛苦本身是被壓抑的。

但現在到處充滿了痛苦的案例，這當然該受到鼓勵，因為表示曾被壓抑並視為消極的故事正在迎向社會。那些被當作不存在、因而從內部腐爛的故事開始被看見了，人們也開始從社會層面來看待那些曾被視為個人懦弱所引發的痛苦情緒。這個狀態是令人鼓舞的，值得進一步推動。

然而與此同時，那些該對受苦者說的謹慎話語，也跟著消失了。原本的位置被千篇一律的話語給占據，就像Ctrl C+P一樣，只是不斷複製貼上重複的語句。當所有被說出來的痛苦都有其個別性，回應的內容卻是千篇一律，其實也就等於沒有好好聆聽對方說話，這些話語毫不嚴謹。

話說回來，謹慎的人不會想著要把話說得好聽。最常聽見的話就是：「我應該不需要刻意這樣吧？」他們並不希望因為自己的意見引發誤會和困擾，所以不願意與他人分享那些處於幽谷中的痛苦經歷，特別是在公共場合。於是他們便從公共場域中消失了，留下的空缺，就被像是自動販賣機產品的扁平話語給填補。

為什麼會變成這樣呢？在第二部中，我想試著處理這個問題。為什麼原本禁止提到痛苦的韓國社會，會突然爆發性地滿溢各種關於痛苦的敘事？我想多多討論的是，隨著痛苦的故事成為主流，那些謹慎的話語，是否仍然得以在公共場域中脫穎而出，成為能夠壓制該場域的語言，並成功制伏痛苦？

想要感覺自己是活著的，因此需要存在感

為了好好活下去，人們需要「存在感」。當覺得自身有存在的價值和意義時，就能夠好好活下去。擁有存在感的關鍵，在於感覺自己是有用的。即使世上所有人都否認它，但當一個人認為自己有所用處時，就會覺得有存在的價值。若沒有這樣的存在感，那麼，人並不是活著，只是死不了而苟活著而已。

人類的存在感大致有三個重要層面，如同第一部所提到的，痛苦的三個面向。首先是社會

層面，當人類覺得自己在社會中是個有用的人時，就能獲取存在感。以這個角度來說，人們不僅會「從」社會上獲取利益，為了得到存在感，還必須「對」社會做出貢獻。即便是追求私人利益的經濟活動，也「有助於」經濟「發展」，這便可稱為社會層面的存在感。

第二個是被我稱為「近側」的親密場域。倘若這個領域的存在感消失，只留下社會層面的存在感，那麼，人生就會變得寂寞空虛。反過來說，即使在社會層面上沒有太大的存在感，但從近側的親朋好友身上獲得有用的評價時，人們就能獲得繼續活下去的力量。親密的存在感，在修復社會領域存在感的創傷方面，扮演著極其重要的角色，「愛」就是存在感的重心。

最後一項是內在場域，通常被稱為「自尊」的，便是此一層面的存在感。即使不覺得自己可以為社會或周遭親友所用，但若能給予自己積極正面的評價，從中發現價值和意義，人們還是可以藉此活下去。它並不從外界尋找存在感，而是從自己的內心深處去探求。許多哲學家和求道者所追求的存在價值，就是這種內在的存在感。

近年來，內在的存在感常常被提出來強調。「即使世界恨你，你不也應該愛自己嗎？讓我們培養自尊心吧！」類似這些話，都是出自於同樣的概念。大家去書店最常翻閱的，就是這類與自尊自愛有關的書籍，從強調自尊心的重要性到如何培養自尊心，這類主題可謂屢見不鮮。

但普遍來說，對於已經不具備社會存在感和親密存在感的人而言，要找到內在存在感是幾乎不可能的。只要聽聽看一般人提到自尊時最常掛在嘴邊的話，就可略知一二：「不要被普世價值綁架了」、「好好扮演自己的主宰」、「要有被討厭的勇氣」……等等。一言以蔽之，就是要我們和世界對抗。「要多多培養自尊心！」這句鼓勵，乍聽之下和個人內心有關，但只有贏得外部戰爭的人，才比較可能建立起內在自尊。對於普通人、甚至失敗者來說，是否可行呢？

想擺脫普世價值和社會的評價基準，需要超越一般水準的內在修煉。首先，必須擁有自己獨特的價值觀，並能用清晰的語言解釋它。唯有如此，才能抵擋他人帶來的焦慮和提問攻勢，即使一時沒有來自外界的明顯攻擊，也能夠順利面對自己內心的焦慮。但普通人幾乎不可能擁有這種程度的內在修為。

從這個意義上來說，過分強調自尊並不見得是建立自尊的好方法，有時反而適得其反，易使人陷入沮喪：「我果然做不到！」、「我自己都不認可了，誰會認可我呢？」本來想試圖建立自尊心的，最後卻開始自哀自憐。由此可見，建立內在存在感，比起擁有社會存在感或親密存在感，更要困難得多。

若是如此，人們究竟要到什麼時候才能感受到穩定的存在感？其實，就是認為自己會成長的時候。約翰・杜威（John Dewey）等哲學家都認為，生命乃一成長的過程，活著就是不斷去適應瞬息萬變的環境，並不只是被動地配合，也不是適應了一次就結束。在不斷適應環境的過程中，人們對環境的適應力將跟著提升，利用這種不斷進步的適應能力，我們便能逐漸超越適應的階段，主動創造更好的環境。

人們在成長過程中，往往會感覺到自己「活得很好」，從而感到喜悅。隨著生活能力提高，人們向前看時，就能感受到希望並獲得快樂。當我們擁有了這種力量，就能夠嘗試新的事物，更自信地生活。最重要的是，這會為生活帶來無以倫比的快樂。生命就是成長，而成長，就是適應、創造以及處理自身和世界的能力不斷提升的過程。

要擁有自己正在成長，亦即「活得很好」的信心，也來自於剛才提到的社會、親密和內在層面。換句話說，無論你所處的社會或外面的人們說些什麼，內在存在感都會在你確信自己生活得很好並持續成長的時候出現；只要秉持自己的信念和方向去追求成長，就不需要透過社會或親密層面來確認自己的存在，老實說，沒有什麼比這個狀況更好的了。

但正如之前所解釋的，這對普通人來說並不容易。在不依賴他人的情況下，很難確信自己「過得很好」，所以我們才會需要其他人的「認可」。尤其特別需要別人的認可來感覺自己在社會上有其價值，亦即我們需要認知到自己所做的，是對社會有益之事、這個社會需要我，否則便很容易生出自己是「無用之人」等負面念頭。有些社會學家甚至會說，這是一個為了被認可而產生的鬥爭空間。

為了獲得社會的認可，就需要「成果」，但此一成就，必須是社會可接受的層次，而非自己滿意的水準。從一個人出生被拋進社會起，就已經開始接受與其個人意識無關的社會成就評價基準。哪些事情可以獲得認同、哪些事情不管做得再好都無法獲得肯定，成就的類型早已定下，每個社會都有一套成就的識別系統，我們就這麼毫無選擇地被丟入系統中。

當然，這種成就識別系統可以透過個別成員的努力來改變。為什麼人們會覺得這項成就可以受肯定，另一項卻不行？為什麼這件事獲得的評價比較高，另一件事卻無足輕重？只要有人丟出這類疑問，成就識別系統就會受到挑戰。再例如，為什麼男性勞動力普遍受到高度重視，而女性勞動力被認為只是輔助性質？為什麼腦力勞動比體力勞動更昂貴？事實上，改變社會就像改變這種認知體系一樣，儘管它非常困難。

從社會層面來說，成長指標是以績效來衡量。如果沒有績效，除非有高度內在修煉的基礎所建立出的穩固自我價值觀，否則人們往往很難感覺到成長的效果。然而，此時的成果被固化為成長的一個重要指標，於是人們不僅為了活著，還要為了感受到自己正在成長及真實存在，不停地創造成果，為了成果，不惜付出一切。

學校最重要的功能，就是讓人們自然學習且習慣這種成就體制。小學低年級時，想說什麼就說什麼、想做什麼就做什麼；升上高年級後，便自然學到了哪些事情可以視為成就、哪些事情無論做得多好，都不會獲得肯定。在這樣的過程下，那些懂得分辨成果的價值、很擅長創造實質成果的學生鬥志便越是高昂，而比較不擅長創造實質成果的學生，則逐漸失去鬥志。當學生切身地體會到自己無法在社會體制下創造出可以獲得肯定的成果時，便會開始出現不在課堂上提問，或總是坐著發呆的表現。

為了成就付出一切，卻終將被某人取代

特別在我們所生活的資本主義現代社會中，我們必須達成具有社會價值的成就，才能獲得認可。為此，我們最需要做的，就是參與勞動。在勞動過程中體會到自己在「付出」時，不管

別人說什麼，我們都能夠為自己的所作所為感到自豪。被排除在勞動之外的人，幾乎不可能找到生存意義和價值。在我們生活的社會中，勞動已經超越維持生計的目的，而是與生命價值和意義息息相關。

在傳統社會中，也可看到「勞動貢獻」和存在感高度相關。在我還是孩子時，鄉下還有所謂的「農耕假」，這段期間，小學生都去田裡幫忙，不用上學，春天種大米，秋天忙收割。儘管這些孩子平常也做很多割稻拔草的農務，但只有在農耕假時，才會真正地在田裡工作一整天。到了晚上，爸爸們會讓這些小學生兒子到他們的餐桌上吃飯，不像往常那般，因為小孩不是勞力人口而只能坐在女人的飯桌（在以男性為中心的社會中，女性勞動不被視為有價值的「勞動貢獻」）。那時候，孩子們總是非常自豪，覺得自己終於因為付出勞動而獲得肯定。

然而不是所有勞動都被視為具有社會價值的工作。特別是在現代資本主義社會中，有社會價值的勞動是「有償工作」，意即能夠取得工資的勞動，其他勞動力都不被視為勞動力，或被認為價值非常低。實際上，在農村中，女性勞動力並不低於男性，甚至很多時候強度更高、工時更長，然而女性勞動始終沒有成為一項「勞動貢獻」，僅被視為輔助性勞力。

從事不被社會明確認可的勞動時，很難感覺到自身的存在感，女性的家務勞動就是最具代表性的例子，這種沒有薪資的勞動被稱為「無償工作」。儘管女性的家務勞動往往會被神化為「母性的光輝」或「母親的崇高犧牲」，但實際情況是，當事人並不能以這種方式找到自己的存在價值。這也表示，她們往往會在自身的存在價值和意義上感到虛無，並因此對人生退縮。

與其說社會的成就系統本質就是勞動，不如說是由勞動的外部因素所決定的事實。也就是說，撇開勞動時間或強度，勞動的價值其實取決於「誰」從事勞動、取決於性別、種族、階級、是否有身心障礙，以及年齡等等。成果並非用成果本身來評價，而是已經用其他要素評價過一輪了，貿然忽視這部分就討論「績效」，是相當危險的。

而就算已經達成某種社會公認的成就，這也仍然不是終點。跨過了「成就是否能獲得肯定」的門檻之後，接下來要面對的，則是要取得多少成就的「程度」問題。有些事情，需要耗費很大工夫才能被看作成就；有些事情，則在一開始便相對被打上極高的分數。如此這般，成就徹底被「階級化」，社會除了以基本條件去判斷一件事是否算作成就之外，還需要評斷該成就的階級高低，綜合以上，成就的認證系統就形成了。

我們生活的這個社會，被稱為「成就社會」。先別說人們總是要完成一些公認的成就，還要判斷成就的高低，隨著社會高失業、低成長的現象結構化，人們越來越難以取得足以獲得社會認可的成果。為了獲得認可，必須達到非常高水準的成就，僅有普通成就，很難不面臨被淘汰的命運。因為能不能生存下去全仰賴凸出的成就，每個人都賭上性命，想創造超越非凡的表現。正由於這個特徵，韓國社會才被稱為「成就社會」。

最能證明這個現象的，就是韓國的考試制度，只要問問教師和學生就知道，以在校成績為基準時，需要達到什麼樣的等級，才能被視為成就。目前在校成績的等級分為一至九個級別，要到什麼等級，才能聽到別人稱讚「很會讀書」呢？一和二級程度當然都可以說是很會讀書，但從三級開始，答案就開始分歧了，而四級以下，就不會有人說這算是會讀書，甚至也越來越少人會說這符合「平均」標準。從四級開始，就很難說在學習上取得了某種「成果」，沒有人會把它當成成就。

切分出第三級的分割線通常落在排名前二五％左右，證明人文社科學者的二〇：八〇比喻並非空穴來風。不僅是經濟層面，存在的意義和價值也已完全兩極化。前二〇％的人不僅能壟斷金錢，同時也壟斷了成就和肯定；落在後八〇％的人，則不管做什麼都不被認可。當他們無法達成社會公認的成就時，也幾乎不可能感受到社會性的存在感，內心層面的存在感當然也難以建立。儘管這些人嘴巴一直說著「我很好」這句咒語，換來的也不過是精神勝利。如此一來，落在社會後八〇%的人，不僅會在勞動危機中經歷生存威脅，同時也面臨存在危機，無可避免地陷入無助。

不過，即使擁有一定成就，也未必能擁有安定的存在感。大多數人在參與社會、小有成就之後，才意識到這個事實：成就未必與自己的成長有關。除非是巨大的成就，不然每個人都能達成我們實現的成果。因此，只要擁有的成就並非獨一無二、只是些社會性的必要成果，且還不能做得跟社會期望的一樣好，人們就會領悟到一件事：我們隨時可能被別人取代。

沒有什麼事比自己會被取代帶來更大的傷害了，因為所謂的存在感，是先撇開自己做得好壞與否，是自己固有而唯一的要素，是不可以被取代的。若有人認為他人可以取代自己，就不能指望可以提升存在感。有如此想法的人，就像容易被取代的被動元件，只是用一種虛無而自卑的態度活下去而已。

像這樣無法有所成就，或者即使有所成就、但卻易受取代時，我們很快就會被遺忘，從他人的視線中消失，他人也會很快地忘記「我」這個存在。有所成就的人們總是擔心著被取代和遺忘，而連創造成就的機會都沒有的人，不得不一開始就害怕著陷入存在感為零、完全不被記得的狀態，兩者都很可怕。

為了引發關注，痛苦被展示得像是煽情的「色情作品」

在這個階段，人們往往會迫切地希望建立存在感。此時，成就本身並不是問題，在說到成就之前，最重要的關鍵是有沒有人會認可自己的成就。畢竟無論成就有多高，若沒有人看，就沒有意義，因此，從別人身上獲得認可這件事，只是第二順位。首先要做的，是得到他人的關注，亦即在獲得肯定之前，得到關注是必須的。

如果無法用成就來吸引關注，那麼，能用什麼引起注意呢？如果我們已經很難在社會領域中獲得存在感，又能在哪裡獲得？在此，需要好好探討的，是下一節要討論的親密領域。在親密領域中，將彼此對對方懷有的「關心」商業化之後，就是所謂的「關注」。

大多數人都曾在社會領域中受過存在感的創傷。我們都知道，即使達成了某種成果，也會很快被汰換，而身為一個可被替代者，其實很難享有存在感。此外，在社會領域上，對一個個體的關心程度，設定值並不是關心，「不關心」才是基礎設定值。在社會上，對一個人的關心其實是出自於那個人的成就，而非那個人本身。雖然在達成績效之前，社會的不聞不問讓我們彷彿頗為自由，但就在我們未能取得成就的瞬間，社會的漠不關心會瞬間把我們打入毫無存在感的狀態。

隨著越來越多的人難以融入社會，許多哭訴自身痛苦的案例開始成為社會焦點、引起共鳴。在社會領域中控訴痛苦的行為，將社會弱勢的故事提升成為大多數人的故事，也使其成為了社會關注的對象。

然而那些痛苦的案例並不只是待解的問題，事實上，社會上越來越多人談論、關注痛苦，反倒讓這些案例變成某種商業手段。如果說，在社會一隅，那些克服困難、邁向成功的故事成了一門好生意，那麼，在已經沒有努力空間的絕望中承受痛苦的故事，當然也很好賣。如此這般，待解的社會問題便被包裝成文化商品上架了。

然而我們必須妥善分辨先後關係，不是先有以痛苦來吸引關注的人們，而是先有痛苦的產業和市場，它們在那些因為失去存在感而掙扎的人們耳邊竊竊私語。市場不停慫恿大家，告訴大家痛苦的故事能夠換取外界的關心，於是挖掘痛苦記憶和經驗的電視節目紛紛出現，而相關產業和市場都關注著一個事實，就是：人們對此是有所反應的。以「說故事」為名義、不停挖掘新的事件來賺錢的商人，販賣的已不只是「感人的故事」，他們著眼的下一個商品就是

「痛苦」。

在販賣痛苦時，很容易用「同情」、「憐憫」、「情感連結」、「人情味」來包裝，儘管很明顯是商業手法，卻可以用強調道德意義的方式來規避外界批判，同時也很容易反過來，責怪不同意這種作法或不感興趣的人。即使日後真的出事，也可以說是為了解決問題以及大眾有瞭解社會問題的權利，來輕鬆迴避社會的譴責。換句話說，在處理關於痛苦的故事時，商人們早有迴避道德譴責和倫理批判的完美對策。

這對正在承受痛苦的人而言也差不多。他們已經發現：自己哭喊時，大家明明本來連假裝聆聽都不願意，但那些原本不願聆聽的人，在聽到符合市場期待的哭訴方式時，反而會給予關注。作為一個希望別人瞭解自身痛苦以獲得些許安慰的人，當然免不了對這種引發關注的方式產生渴望。然而外界其實並不關心故事本身，能夠吸引目光的範例早已寫好，許多痛苦的故事就便照著公式不斷複製。與其透過觀察和反省受苦的自己來說故事，依據寫好的框架來描述，效果會更加顯著。

那些深掘出痛苦深處的敘事範本，強調的是受害者之所以成為受害者的經歷，及其悲慘程度，把人們在痛苦中掙扎的模樣用極其煽情的手法呈現出來。隨著這類故事受到市場青睞，挖掘痛苦故事的競爭便更加激烈，痛苦呈現的強度也不斷增高。挖掘故事的人在意的不是痛苦的背景、原因或結果，反而是強度，受苦之人因此必須更加用力地搏鬥、哭得更加淒慘。

最重要的是，受害者必須對外揭露一切，如此才是受害者的本分。人們用「勇氣」來鼓動受害者將那些不想被揭露的內容公諸於世，彷彿世上不存在必須被保護的人格，以及必須隱藏起來才得以保護的尊嚴。唯有一一揭露，外界才會認可一個人「受害者」的身分。受害者的尊嚴被破壞得越多，越能成為「勇敢的人」，為此，他們不得不像拍A片似的，煽情地對外展現自己，否則不僅不會被外界認可，還會失去社會關注。

「在獲得外界認可之前，先證明你擁有的東西可以吸引到別人的目光吧！」這是韓國社會給那些經歷生存危機的人們下的命令。原本為了取得認可的鬥爭，淪為爭取關心的死纏爛打，隨著爭奪關心的競爭越激烈，表演的方式越具官能性。人們不得不更「強烈」地討論自己的痛處，如此外界才會覺得這人是正在努力克服困境的「勇者」。「受害者」和「英雄」就是煽情主義的結合，只有這個方式才能吸引人們注意。

2.

到底該怎麼做，才能放心去愛？

——不懂得尊重的愛情會摧毀親密的世界

在成就社會中，一般人幾乎難以感受到自己的社會存在感，人們經常把「我不在，這家公司就完了。」當成自我的「不可替代性」。如果哪天我不在，公司就會倒閉，也就代表我是個完全不能被取代的存在。但這樣說的人其實心知肚明：沒有我，公司也不會倒的，即使哪天我離開了，公司也會彷彿沒事般地繼續運轉。

因此人們在社會生活中所體會到的，終究並非自己不可取代，而是永遠都可被替代的事實。當個人價值被消耗殆盡，就肯定會被丟棄，為了不被丟棄，只好拚死拚活。從這點來看，在社會生活中，實在很難覺得自己是一種獨特而唯一的、不可能被取代的存在。在這種情況下，一般來說，很難提升存在感，反而會有很多退縮的經驗。

隨著經驗值的累積，生存力量不斷增長的狀態被稱為「成長」，人們會從成長中獲得快樂。即使時機未到，但總有一天會有所成長的信念，能讓人們充滿希望，並因此活下去。有希望就能提升自我，相反的，如果沒有對成長的期待，人生就會開始萎縮。

如果說自我提升屬於人生，那麼，萎縮就屬於死亡。如果隨著時間的推移和經驗值的增加，人們仍對自己的生活沒有信心，反而漸漸喪失自信、感到沮喪；無法感受到快樂、只感到悲傷，我想，這樣的人可能就是逐漸失去了活下去的力量。那份力量被縮小了。這樣的人已不能說是活著，而是正在步入死亡。

只要有愛情和友情，人生還是值得忍受

不過，有種關係可以立刻將這種悲傷化為喜悅，沒有成就也無所謂。那些畏縮而「沒什麼看頭」的存在，也能夠擁有存在感倍升的經驗。就算世界視我為消耗品，但至少在某處，我能確認我是一個不會被取代的存在，這種關係讓我感到快樂，而不是悲傷——正如伊娃·易洛斯

（Eva Illouz）在《為什麼愛讓人受傷？》（*Why Love Hurts*）這本書所提到的愛和友誼這種具親密性的關係。

當我們說我們愛一個人時，我們愛的並非那個人的某種屬性，而是單純愛這個人。墜入愛河之人經常問對方：「你為什麼喜歡我？」此時，雖然也會有人認真回答喜歡對方的哪些特點，但這個問題往往會得到「就是喜歡，沒有為什麼」、「都喜歡」、「就是喜歡你這個人」之類的回答。當一個人真心愛著對方，便會意識到自己對對方的愛情並不會被還原成某種屬性，愛情本來就是朝向某個存在走去的。

當有人愛著自己時，就會感受到所謂的「不可取代性」。他愛我的原因是「我」，而不是我的某個屬性，和我擁有同樣屬性的人也不可能把我取代。換句話說，他愛的「我」是地球上唯一的存在，因為只有一個「我」。儘管我並不特別，但是當有人愛著「我」這樣的存在本身時，便會因存在感大幅提升，進而感到快樂。這份喜悅將會成為活下去的力量。

也如同呂克．費希（Luc Ferry）在《關於愛情》（*De La'mour*）中所說：愛情中的快樂源泉不是成就，而是他在我面前的事實，也就是「存在」所帶來的喜悅。不必做任何事，光是在面前，愛情就能給予充分的快樂。讓我們想一下在地鐵站等候愛人的時刻吧：心愛的人正從入口走上來，當看到她的頭髮、她的臉龐、開始認出她時，我們臉上會很自然地揚起微笑，心裡暢快不已。這就是愛人在眼前、在身旁「存在」本身的喜悅。當然，也可以說這是熱戀初期才有的心情。

但愛情並不僅止於此，她的存在成為我的喜悅，看著她高興的模樣時，我也會跟著高興，取悅她就是我的快樂。並不是為了自己的快樂才要取悅對方，而是因為她的快樂讓我感到快樂。在愛情裡的人，他們的目標不在自己，而在對方身上，對方的快樂返回到我身上，就成為我的快樂。這也是戀愛的人感謝對方存在的原因。

愛情這種關係的核心，是社會學家尼可拉斯．魯曼（Niklas Luhmann）在《愛情作為激情》（*Liebe als Passion*）中提到的「不對稱性」。此處我擅自借用了這個概念：愛人的人對被愛的人沒有任何期待，只希望他在自己眼前就好，因為存在本身就是快樂泉源。但愛人的人會希望在自己無止盡的奉獻下，被愛的人也得以快樂；雖然不求回報，但愛著對方的自己，會不斷為了對方而做出奉獻。

最具代表性的就是禮物。對愛人的人來說，有個能愛的人就是禮物了，對方的存在就是那份禮物。但為了讓被愛的對方也開心，愛人的人仍會準備禮物以取悅對方，甚至因怕對方不喜歡而精心挑選。這不是奉承，而是為了讓對方快樂。另一方面，對方也不是因為收到禮物而開心，而是感動於有人為了讓自己開心而費盡心思，這就是愛情的不對稱性。

友誼亦同，當彼此是朋友時，除了希望對方陪在身邊以外，我們不會期盼對方帶來其他好處，因為希冀或主動要求利益的關係就不是友誼了。這樣的期盼，在友情關係中是被禁止的。但相反的，我們會希望自己對朋友有所裨益，除了為朋友帶來陪伴的喜悅之外，也希望為他們帶來更多好處。如此一來，對方對我而言是種陪伴的存在，我之於對方也是有益的。只有當關係是互相的，友誼這種關係才能持續。當不對稱性持續存在時，友誼就像愛情一樣，能提升個人的存在感，帶來巨大的快樂。

如魯曼的書所說，愛情和友誼不對稱的核心，是對其人格的尊重。被愛之人只要「存在」就足夠了，但愛人的人為了讓被愛的人幸福，必須做出送禮等「行為」，而種種行為中，最重要的就是尊重。努力看到對方原本的樣子，便是一種尊重對方的方式。愛人的人應該尊重所愛之人的「人格」，我們把「不是別人，不是他物，只是我，只有我」稱為「人格」。作為一個人，大家都希望受到尊重，特別是希望愛著自己的人能用這樣的態度對待我。愛情給了我一種不是基於其他屬性、是因為自己的原始人格而被尊重的感覺，這可以使得那些在社會上被無視、侮辱和打擊的存在感因此提升。

只要親密領域能被好好地構築起來，即使是微不足道的人，也能感受到自己的存在感和人生的樂趣。從這點來說，就和社會領域上的成就一樣，在親密領域中，愛情和友誼讓人們感受到存在感的過程，是至關重要的。

無法以人的本質待人的時代，相信愛的人反而被當成傻瓜的世界

然而在我們生活的韓國社會，愛情和友誼正置身於巨大危險中，特別是當這個時代，人們並不知道如何以「本質」來對待所愛之人。以男女關係為例，令人難以置信的是，我們直接將對方視為「異性」對待，並稱其為「尊重」。以男性而言，就是將所愛之人直接當作「女性」，用對待「女性」的態度處理，認為如此便做到了尊重。再另舉一例來說，我們也不停地把前總統朴槿惠當成「女性」，用對待「女性」的方式來應對。在這種情況下，很少有女性覺得她們以「女性」身分被尊重，大部分只感覺被羞辱。

結果造成了如今在愛情中越是受到尊重、人格就越被無視、侮辱的矛盾現象，而這個現象也早已結構化。就像男生常掛在嘴邊的：「我不討厭女生，我超喜歡女生的啊！」這句話標準地呈現了尊重和侮辱倒錯的狀況。我們都知道你有多麼喜歡女生，但你沒有把你遇見的她視為「她」這個個體，而是直接視為「女人」，這對於不是誰，只是「她」的她而言，就是難以抹滅的侮辱，是對她人格的藐視。儘管如此，卻還是有人堂而皇之地把這類侮辱稱之為「愛情」。如果對方能夠隱忍並接受這是愛情，那還沒有什麼問題，因為對於不是別人、只是「她」這個個體的對方而言，這就是愛，而其他的形式並不是愛。所以為了被愛，她會接受這種形式的愛情。

以性別二分法為基礎的愛情，只知道把女性當成女性角色來尊重和熱愛，但並不知道如何去尊重女性角色與「她」之間人格的不同，因此只能稱讚作為情人的她、作為母親的她，以及作為妻子的她，並把此舉錯當成尊重。簡而言之，這個時代的愛情完全不瞭解如何將女性視為個體而非功能性的角色，還將其錯認為愛情。

當然，我們不可能拒絕所有的角色功能、在沒有角色的狀態下生活，人類就是各種角色的綜合體。然而儘管如此，如果說「我」此一個體人格中，有什麼能讓我不被還原或取代成角色的特定要素，那應該就是當我的人格受到尊重之時，我才能真正覺得自己以「我」的身分被尊重。我的人格，存在於無數角色和我之間的差距。當我們將一個人視為一個角色時，他的不可替代性就會消失，不僅存在感無法提升，還會感覺到羞辱和自信心的打擊。

當事態讓女性意識到了「這不是愛，而是羞辱」時，她們就難免崩潰。更準確地說，當女性要求對方以看待「我」而非「女人」的視線看待自己時，就會遇到此番處境。這也是德國社會學家貝克（Ulrich Beck）和伊利莎白・貝克-葛恩胥菡（Elisabeth Beck-Gernsheim）在《愛情的正常性混亂》（*Das Ganz Normale Chaos der Liebe*）中所說：隨著「女性個人化」的演變，（受辱）就是愛情不可避免的命運。然而男人還是在說：我把你當成女人來愛、有多麼愛你、多麼珍惜你。男人仍將此視為愛情，儘管這些話語很明顯不是愛，而是對另一個人人格的侮辱。

只有一種方式可以讓愛情獲得救贖，進而提升存在感，而非受辱感——不把相愛的對象看作一個男人或女人，而是看作「ㄊㄚ」——不管是「他」或是「她」，是男或是女，每個人的人格都和其性別本身帶有差距，認同對方是一個自主而自由的人，才是愛情得以存活的唯一辦法。一言以蔽之，就是把被愛的對象當成一個自由而平等的個體，而非將其「性別化」。

然而這個時代的愛情對這條道路仍相當無知，導致人們無法透過愛情來增強存在感。相反的，愛情變成無視和受辱的痛苦之源，再也不是喜悅，也沒有理由持續。這種只將對方性別化來對待的愛，現今大多已經被拒絕、變得不太可行了。

另外，愛和友誼的其他方面也開始變質。正如前面所敘述的，愛情和友誼理應不為獲利、純粹因對方的存在而感到快樂，不僅如此，還會希望自己對對方有所幫助。正因為我是能為對方帶來好處的存在，即使對方並不因此感到高興，但我仍會盡力成為對他有益的存在，當這個狀況是互相的，彼此都會感恩，關係也能繼續。

然而這種關係存在著根本的不穩定性，也就是會擔心當自己無法令對方受益，關係便可能因此結束。雖然我們為了讓對方快樂、為了成為有益的存在而煞費苦心，但如果我們的情誼之中沒有對愛情關鍵的確信——在利益之前，彼此的存在更為重要——關係便很容易動搖。當愛情和友情沒有這種確信時，我們很可能會因為無法為對方帶來好處，而產生被拋棄的恐懼。對彼此「存在」的確信，在愛情和友誼中至關重要。

然而，可惜的是，現在是人跟人之間很難對彼此懷有信心的時代。相反的，當有人要求彼此懷抱著這種對「存在」的信任時，會被視為窩囊的舉動，換來斥責：「到底搞什麼才那樣說？」因為這是一個心懷相信的人是愚蠢的、確信的人則更加愚蠢的時代，不相信才不會受太多的傷，信任不再是可以被要求的了。

當我們不能再對存在的喜悅懷抱確信時，為了維持親密關係，我們就必須不停地成為「有幫助的存在」，藉此吸引關心。而能夠提供的好處內容無關緊要，重要的是，只要那是有利的，就能吸引對方關心。也因如此，為了換取關心，什麼事都可能做得出來，因為在社會性的存在感喪失的狀態下，最後能夠獲得存在感的就只剩親密領域——愛和友誼了。於是就像社會領域一樣，在親密領域中的存在感，也不僅僅是個體「當下的存在」就好，而是含著絕望的「吸引注意力」。

3.

哎喲，你只會那些嗎？
——關於可能被他人取代的不安

正如我們到目前為止所見，在這個時代，人們可以感受到的三大領域存在感，全都面臨了危機。內在的存在感，從一開始就不是一般人能夠輕易獲得，而是需要窮極一生不斷開拓和累積的。然而當我們的文化不斷認為內在存在感可以經由個人努力而獲致，只要無法建立內在存在感，就會被當成失敗者，這樣一來，加深的只是怯懦感，而非存在感。

然而社會和親密關係存在感作為內在存在感的基礎，顯然也變得幾乎不可能實現。社會存在感是從「認可」中產生的，而現代資本主義社會中，想獲得認可，就必須先拿出具有社會價值的「成就」，有些事可以被當作成就，有些事則無論如何都不會被認可。更有甚者，在當前的社會中，幾乎所有成就都已經被劃分出位階，普通程度的成就也不能被當作成就，因此，大多數人都處於難以感受社會存在感的處境。

而想在親密領域中取得存在感也是充滿考驗的。在這個領域，存在感不是透過成就來獲得，而是對我的「存在」感到喜悅的周遭人們所給的。被愛的人以「自身存在」、愛人的人以「行為」取悅彼此，這種相互取悅的不對稱性，是親密領域中互相提升存在感的關鍵。只有在彼此都「確實相信」的狀態中，維持著上述的相互作用，關係才能繼續。然而我們偏偏又生活在一個無法相信任何人、選擇相信的人反倒是笨蛋的社會裡，對於「不對稱互惠」的信心可說是完全沒有根據，甚至是一種容易迎向毀滅的賭博。

因此，我們很難在人生的任何領域、任何時間點上感受到自己的存在感，很怕自己不知不覺間成為幽靈，也隨時受到可能被遺棄和取代的不安感所折磨，於是就連在親密領域中，人們也為了成為對另一方有用的人而努力。但這種心態，不再是單純因為你存在而開心，且為了讓你也開心，所以我想要努力成為一個對你有幫助的人；而是為了獲得你的關心，所以我「才」必須成為有益處的存在，以獲得存在感。如此一來，目的與動機與剛開始的時候完全背道而馳了。

如果不提供更龐大的東西，我可能會被拋棄也說不定

若是如此，那麼，在親密領域中最大的益處是什麼？首先，將它稱為「益處」而非「利益」，在於親密領域中的關係，仍不像社會領域那麼地重視「利益」。當然，在某些情況下，「經濟利益」也會用以維持親密關係，例如在青少年間，就有不少悲慘的關係是靠金錢才得以持續。這不是為了得到某種利益才維持的關係，而是為了維持關係才提供利益。在此，只有墮落的不對稱性，沒有互惠原則，亦只有單方面的付出，因此我們很難將其視為「親密關係」。

在利益被暴露的那一刻，親密關係就徹底崩解。因為透過利益分享來維持的關係有一個特點，就是在實現利益的那一刻起，關係就會結束，沒有持續性可言，如同交易結束時便要開始清點。在現代資本主義社會中，社會上的關係基本上就意味著此類利益交換。親密關係則是相反，在任何情況下都應該與利益無關，它必須只對維持關係有興趣，而非其他事物。只在關係本身中感到快樂，就是親密關係的本質。

事實上，許多父母不太瞭解孩子間的這種關係。當小孩很常跟那些對學習沒幫助的朋友來

往，在父母眼裡只會帶來壞處，但小孩仍舊很熱衷。此時父母可能會說：「現在看起來朋友第一，但以後才不是這樣子呢！」不過，這些想說服孩子的話，大多數都被當成耳邊風了，因為孩子從和朋友的關係中所獲得的事物，和父母想的完全不同。

儘管完全沒有幫助，但為何孩子仍沉迷於這類關係中？親密關係帶來的最大好處，是「存在的穩定感」。舉個例子，被成績優秀的手足所環繞的小康家庭裡、比較不擅長讀書的那個小孩，往往特別喜歡和「很會玩」的朋友在一起。即使父母或手足並沒有因為課業而對他特別施加壓力，或因為他成績較差而表現出偏心，結果仍舊是如此。和這種環境下生長的孩子聊聊，通常會發現，這些孩子對於和家人相處也會感到不適，覺得自己好像不屬於家裡。

相反的，當他們在學校或網咖遇到和自己類似的朋友時，就能感受到「存在的穩定感」。因為自己的言語、態度和想法都和朋友相似，不需要特別費心就能溝通，不需要特別做點什麼就能有存在的穩定感。但也因如此，這種關係很容易使一個人腐爛。這種關係與那種表面上不是侮辱、實質上卻讓人感到羞辱的關係相反，即使真的明顯地被羞辱了，也不會讓當事人想中斷關係。這種一點也不想失去對方的感受，便是因為有存在的穩定感從中運作，它是這類同儕關係所帶來的最大好處。

問題是，這裡也有不對稱性。為了維持這種關係，個人的「存在」本身是不夠的，必須採取某種「行動」，好讓別人知道我的存在有益處。特別當我並不確定自己能否帶來好處時，對方是否還能因為我的存在而感到開心，此時便會更想以行動來加以證明。為了維持這種帶來存在穩定感的關係，孩子們會更迫切地想成為有幫助的存在。

不得不變得迫切，原因在於害怕不能對對方有益處，並因此被拋棄，被更有用的人所取代。唯有對關係的「確信」，才能消除不安，但因為要擁有這種確信幾乎是不可能的，為了維繫關係，只能不停提供好處。雖然親密關係能讓人感受到社會關係中難以體會的不可取代性，但也因為可能被取代的不安，轉而成為悲劇的空間。

如果不想被別人取代，就必須比可能替代自己的人端出更大的利益；如果別人帶來的利益比我能給予的更大，那麼，我隨時會被取代。這是當人們在親密領域中，喪失了「自身存在會為他人帶來快樂」的信心時，直接感受到的最大恐懼。隨時都會出現一個比我更有用的人，我將會被拋棄，特別是在這樣的一個場域——試圖提供類似利益的人越多，我就越需要與其他人爭個你死我活。於是親密空間終究也和社會空間一樣，成為激烈的戰場。

隨時都要能夠帶來更大的利益，意味著該場域被經常性的「通膨」所支配。這是一個必須一直「加碼」的空間，必須不斷端出更強的東西來。只有拿出比以前、比其他人更大的好處，才能引人注意。也因為大家都在競爭，能夠引發關注的事物強度變得更高，人們啟動關注的閾值也就跟著提高。在這裡，許多東西迅速地變得一文不值。換句話說，當一個人再也不能引發他人興趣，就會墮落成一個被忽視和嘲笑的渺小存在，成為模糊的個體。「哎喲，你只會那些嗎？」遭受嘲笑之餘，遺留的是悲慘的情緒。

不是因為你的存在讓我感覺快樂，而是因為你很有趣我才快樂

親密關係原先是建立在「快樂」的基礎上，這份喜悅不是來自個體的行為，而是來自於個體的存在本身。我們是因為那些努力帶來快樂的「人」而感到開心，並不是因為那些努力的「行為」而感到開心。那麼，如果再也不可能因為某人的存在而產生喜悅，又該怎麼辨呢？這時，有些人會將快樂轉換成別的形式。某些事物的特質，從情感層面來看和喜悅很是相似，但在意義和價值層面中卻和喜悅不同，而它無須透過某人的「存在」，只要透過「行為」就能感

受，所以用它去轉換即可——這個東西就是「樂趣」（有趣）。為了引發關心、延續關心，我們必須成為有趣的人，必須死命地把自己很有趣的一面展現出來。

快樂和有趣非常相似，我們開心時會笑，覺得有趣時也會笑。笑聲是快樂和樂趣的標誌，讓某個人開心或逗樂他，都能讓他開懷大笑。當人生走下坡時，我們是笑不出來的，只有當人生再次往上爬，才會重展笑容，並再次覺得人生是值得活的。所以笑代表著人生的成長，透過它，人們可以再次獲得力量，在親密關係中，能讓彼此發笑，代表雙方關係是快樂的。

從讓人發笑的這個面向來說，樂趣和快樂非常相似，然而樂趣並非來自於個體的存在。我們可能會因為對方的存在而高興，只要想到他的存在，就能高興地微笑，也會感激對方的存在使我快樂。

然而對方的存在並沒有讓我覺得有趣，這世上，並沒有誰的存在本身就是很有趣的。我們覺得小丑有趣，但是這份有趣並非來自於小丑的存在本身，而是他的表情、聲音和行為。為了逗樂我們，小丑必須反覆做著表演動作，即使看似什麼都不做，也懷著試圖逗笑別人的企圖，這其實是有意識的行為表現。人們不是因為他的存在而感到有趣，而是覺得他的行為好玩，並「消費」了這個行為。如果說，快樂與他者的存在有關，那麼，「樂趣」就是從消費他者所得來的。

在快樂中，沒有「更多」的請求。我們不會請求對方讓自己更開心，這是對方自願為我做的，並不是我所主動要求。無論對方做了什麼，我都會感謝他的存在。在快樂的關係中，接受者並未要求，只能回報而已。

而知道對方試圖取悅自己之後，我們也會替對方擔心，會想阻止對方做得更多，擔心他因太過度努力而傷害自己。即使對方不這麼努力，也已經非常開心，覺得差不多可以停下來了；相反的，被樂趣逗樂的人不必向對方表示感謝，或和對方說已經夠了、可以停了，反倒會要求對方製造更多樂趣。就像觀賞一集綜藝節目時，總希望下一集能夠更好笑，如果有人要求暫停播放，只表示節目很無聊。這使得那些想吸引注意的人承受著「下一次必須變得更好笑」的壓力，為了維持關係，他必須滿足對方希望他維持同樣水準、甚至更上層樓的要求。因此我們可以理解，樂趣和快樂不同的地方在於，樂趣的基礎建立在通膨上，永遠必須比現在更有趣，而為了變得更有趣，就必須不停加速。以等速前進的樂趣很快就會褪色，當樂趣變得黯淡無光，個體就可能會被丟棄，被更有趣的東西給取代。

儘管表面上快樂和樂趣極其相似，但它的意義、價值和運作方式卻截然不同。在失去信心的親密關係中，快樂是不可能存在的，留下來的空缺就被樂趣取代，只能透過有趣好玩的東西來吸引注意。除此之外，必須不斷端出更有趣的東西來維持這份關注，倘若不能成為如此有趣的存在，就會失去存在感。我們為了擁有存在感而必須吸引別人的關心，在那之前，必須先成為一個有趣的人，而為了成為一個有趣的人，我們慢慢成為一個什麼都能做的，「不停膨脹的人」。

4.

那傢伙還滿好笑的嘛！——把他人的痛苦當成樂趣並拿來展示的人們

社會領域和親密領域其實是互有重疊的。職場生活基本上是被包含在社會領域中，但同時也有部分涉及和私生活息息相關的親密領域。在職場，我們並不能像拿刀切半一樣，直接將它和親密領域切開。如同透過一點一滴的成果來達成業績一般，妥善管理、組織與同事的關係，對於個人來說也很重要。

維持這種關係的模式，就是「私交」。為了建立良好私交，我們需要使用社交技術。偶爾必須真誠地聆聽他人說話，有時需要適當地保持距離。禮數要周到、應對要知進退，還要學會使用職場關係中允許的「假面」，加以偽裝才行。不僅如此，也要懂得尊重他人的假面，就算知道假面下的真面目，也要裝作不知情。

然而，與此同時，作為一個懂得社交的人，又必須適時超越禮數，懂得如何在關係中製造一些趣味。適當的幽默、玩笑和插科打諢會成為人際之間的潤滑劑，讓人得到懂得社交的評價。在社交場合，往往要有這種人的存在才有活力，他們會讓大家卸下武裝和緊張感，讓氣氛變得和緩。透過反覆緩和氣氛的過程，也能讓眾人獲得存在的穩定感，認為那個場合是很安全的。

在與親友的關係中，這種引人開心的「社交術」也會發揮作用，是能和緩關係、恢復彼此情誼的關鍵技能。特別在衝突發生時，為了避免吵得更激烈，就需要運用社交技術來轉換話題或製造喘息的空間，在適當的時間，以合適的幽默來讓人們發笑的技巧，就是所有人際關係中最關鍵的技術。

嘲笑某人的「不足」，揭露並嘲笑某人的偽善

我們時常強調自己真心真意，但面對他人時，自然免不了有所偽裝。不管平常內心所思所

想以及所做為何，我們在別人面前還是會戴上面具，好好扮演應該扮演的角色，遵守社會要求的禮儀規範，謹守關係。

笑聲的觸發和這層「面具」密切相關。在日常生活中，善於玩假面遊戲會被視為禮貌之舉，因此有時候，笑聲之所以被引發，也是因為這層假面具被揭開，或是有人誇張地使用了面具。模仿那些熱衷於玩假面遊戲的人，就是很好的例子，在當事人不在的情況下，開模仿玩笑的水準可以提高；和當事人在一起時，適當的模仿也會引人發笑。這種和假面具相關的笑，非常接近於嘲弄。

社會學家布赫迪厄（Pierre Bourdieu）所寫的《區判》（*La Distinction*）講述了「玩笑」如何連接了藍領階級的社交。一般來說，中產階級常去的咖啡館自然會被劃為中產階級的領域。讓我們想想星巴克這樣的場所吧，我們會認知到這是一個被「一進咖啡廳就坐下來、戴上耳機敲筆電」的那些人所占據的領域，也會尊重這個事實，其他人不會隨便搭話，我們尊重它作為一處被某種個體一時占據的私人空間。

相反的，藍領階級的酒吧就不同了，回想一下那些描繪勞工生活的外國電影情境即可瞭解，其中很常出現的，是破舊不起眼的社區複合式酒吧咖啡館。對工人來說，這種咖啡館是

「社交聚會」場所，進來的客人會心照不宣地裝熟和交流，打開門時，即使看到不熟悉的面孔也會裝作熟稔地喊聲「嘿！」，好像彼此認識已久。接著，走向咖啡館的老闆、聊個幾句話後，才走進咖啡館內側，確認誰是誰之後，再開始和某個人聊天。

像這樣第一次和陌生人聊天時，被「利用」的題材通常是裡面的「大塊頭」，也就是把對方的外表當成一個玩笑哏來使用。根據布赫迪厄的理論，勞工階級往往假定胖子有較寬大的胸襟，因此即使說些貶抑他們外表的話，對方也會寬容大度地接受。他們會用嘲弄胖子的外表來引發笑聲，當氣氛變得和諧後，再進一步接續話題，達成「社交」的目的。

可以用來逗笑別人的社交技術很多，其中最容易被拿來使用的，就是開對方玩笑，或是貶低和嘲弄對方。有些人在情況允許時會利用周遭的人，拿那些似乎禁得起玩笑的人來嘲弄。基本上，有兩種方法可以逗樂別人。

一種方法是嘲弄少數族群，包括被歸類為「異常存在」的社會少數群體，如殘疾人士、肥胖人士、性少數及移工。

因為模仿和嘲諷他們可以自然地引人發笑；因為他們較為弱勢，所以更容易認定他們不需要被尊重；更因為他們不是一般人玩「禮貌遊戲」的對象，所以讓人認為嘲笑這些「不正常」

的個體，沒什麼大不了。利用少數族群開低級笑料的情事之所以層出不窮，通常是基於上述原因。會這麼做的人們，認為肥胖者是除了吃之外什麼都不在乎、不會自我管理的人；長得醜陋的女性也是嘲諷的對象，因為她們不被當成女人；男同志更是不如人了，表面是男性，但一點都沒有男子氣概、比女人更女人；殘疾人士是連自己的身體都撐不住的「怪物」；移工更不用說，是那種臉孔跟我們長得不一樣，而且還不會說韓文的人。

這些案例的共同點，便是都具有所謂「正常人」眼中的「缺陷」，他們是「有所匱乏的存在」，這些就是拿來嘲笑和貶低的理由。因為有缺陷，所以拿來嘲笑也無所謂，模仿這種缺陷還會引發笑聲。他們是人類中不全的存在，不被當作人類，也因此能夠引人發笑，這種笑聲不是來自於存在感的提升，反而是來自於存在感的墮落。

這就是少數群體感受到痛苦的關鍵。因為他們只是「有缺陷的存在」這個身分的複製品，並且只能透過這種認同上的複製，才能在社會上生存，如此一來，就無法成為其他不同的存在本體。例如，男同志是缺乏男子氣概的存在，所以從喜劇到電視劇，都只能以典型的「男同志」形象出現，除了在《同志亦凡人》（*Queer As Folk*）這樣的同志影集以外，他們不可能成為主角，必須扮演甘草人物，通常帶有荒謬色彩。除了這些，他們很難在電視劇裡擔綱其他角色。

少數群體感受到的痛苦，往往在於他們無法以其他面貌獲得存在感。如果說，存在感來自於不可被取代的獨特性，那麼，少數群體則是幾乎不可能擁有自己的名字，也就是說，以個人身分存在，幾乎是不可能的。他們總是被以群體的全稱——少數群體——來稱呼，並且只有在此時才具有社會價值。甚至他們談論自身痛苦時，也只能說到自己作為少數群體的痛苦，其他層面的痛苦都會被無視、消除。因此透過嘲弄和貶低少數群體所獲得的笑聲，就是破壞少數群體的個體性、人格和尊嚴的，與痛苦等價之物。

透過嘲諷來引發笑聲的另一種方法，就是揭露面具下的面孔，此時，揭露的不是少數群體，而是握有權力者。當有人撕下他們的假面具，暴露其偽善時，就能引人發笑。有一句韓國男人很常說的話，情境是這樣的：在一個彬彬有禮、斯文穩重的男人背後，總有人吐槽：「別看他外表那樣，回家打手槍的時候還不是半斤八兩。」亦即不管裝得再怎麼有氣質，男人終究是難耐性慾，是偽善的俗物，而那個俗物的實體就是動物罷了。

揭露偽善面，其實也是種抵抗的方法，尤其是刻意揭露偽君子中最具權力的支配者以引人發笑時，就是一種抵抗。即使是一時也好，當受到當權者掌控的民眾，透過揭露其真面目的方式使當權者丟臉，這時，便能讓人實際感受到「話語」的力量。能用言語抵抗，意味著可能使掌權者落馬，藉此重新分配支配者與受支配者之間的權力關係，或暗示權力關係是可能被打破的，也就是顯現權力關係其實並不穩固，而非不可撼動。

透過揭露，更進一步顯示了人類這個存在的特徵就是「虛偽」。在後面章節，我想討論的是，在揭示人類虛偽的基礎上，其實布滿了對人類的「仇恨」，而仇恨在此是被合理化的。

須注意的是，揭露偽善者時，有一條看不見的「線」。它所曝光的必須是掌權者的虛偽，不可不分青紅皂白地胡亂揭露。在揭露窮苦之人的愚蠢時，則必須保有憐憫，因為主要用意是聚焦於使其變成如此處境的社會，而非批判或嘲諷「窮苦之人本身」，兩者應該可以明確被劃分開來。

你越是崩潰、越是痛苦，我們越覺得有趣

對少數群體和當權者的嘲諷，都是基於存在感的墮落，不是提升。人們因為受嘲笑者的存

在感下滑而感到開心了，這又帶給受嘲笑者什麼呢？答案就是痛苦。觀看者的「笑」相當於受貶低者的痛苦，受嘲笑之人的痛苦和觀看者的笑聲成正比。當人們這樣笑著時，往往還會說真是有趣。

我的所作所為讓對方笑了，等於我讓對方感到快樂，這種快樂可能是開心，也可能只是因為有趣。在前面，我曾說過快樂的來源是對方的存在，或對方試圖讓我開心的舉動，但在本節，我將用「樂趣」對比「快樂」，把它置入消費、消耗他人這類比較負面的層次上。

從結果來看，就能發現高興和樂趣的差異。我們通常會感謝那些讓我們高興的人，因為對方讓我開心，所以我感謝他，而這份感激又能讓他高興。與此相反，我們不會對刻意讓我們覺得好笑的人產生「感激」，反而可能會問那些搞笑的人：「沒有更多了嗎？」要求他們做出更好笑的舉動。如果說，快樂能幫助我們維持關係，那麼樂趣就是一種對關係的消磨。

在「社交術」中，鄙視和嘲弄是一種輔助手段。之所以會在社交後面加一個「術」字，其實就是因為社交對基本技巧是相當要求的，必須遵守適當的尺度，跨越了這條界線，就會成為「粗鄙」，必須加以制止。即使在藍領階級的咖啡館裡亦同，他們就連企圖用肥胖者來調節氣氛時，也會不停地使眼色、確定取得對方的許可，因為玩笑超過對方能夠承受的界線後，就會發生問題。由於開玩笑的最終目的不是取笑對方，而是在徵得他的同意之下，使整個氣氛變好，所以在對方覺得被冒犯的瞬間，就必須立刻停止玩笑，並立刻對那些被拿來當作笑柄的對象展現「尊重」的態度。

然而即使是為了顧全大局才默許別人開自己玩笑，當事人仍會感受到存在感的下滑。肥胖者在配合那些把自己當笨蛋的人們演出搞笑戲碼時，感受到的不是存在感的躍升，而是存在的下墜。儘管如此，他們卻仍選擇協助，唯一理由就是因為這是他們在此場域中，能夠擁有存在感的唯一方式。他們的存在感，只是作為一種存在感下滑的「角色」而存在，之所以同意被人羞辱，多半是為了保有這份存在感，才裝作不痛苦。

然而，在透過娛樂來引發關注的時代，引人發笑不再只是私交的輔助技術，反而成了私交的本體。人們不再只是為了維持良好關係才試圖引人發笑，反倒因為光是逗人發笑就能給人一種「這人還滿有趣」的印象，並繼續吸引到他人的注目，所以繼續無差別地鄙視與嘲弄他人也不成問題了。當「引人發笑」作為社交潤滑劑時所須遵守的尺度不見了，「社交」這種遊走在禮節與幽默之間的「技術」，也不再被需要了。

這種情況下，甚至也不再需要被嘲笑之人的默許。原本「取得默許」代表著需要看對方眼色，同時也意味著在這種傷害和侵犯他人的玩笑中，是可以踩煞車的。但在追求「更強、更有趣」的效果時，這個煞車終於失靈了，玩笑無止盡地向前奔馳而去。

此時，透過他人痛苦所感受到的樂趣，和痛苦之間的關係成正比。因戲弄和嘲笑而造成他人痛苦的事情，隨即變得有趣。越是打擊別人的存在感、越是加速對方崩潰的速度，越能產生更大的笑聲，也越能引發關注。於是不管是貶低少數族群，或是揭發當權者的假面，下手的強度都只能越來越高。

笑聲來自於存在感的墜落，在存在感的墜落中，人們所經歷的，是人格的破壞。當人格被摧毀時，個人的獨特性和尊嚴消失了，因此經歷存在感消逝的人會感到痛苦。而那些試圖透過嘲笑和揭露假面來吸引關注的人，就是透過這個「痛苦展演」的過程，來製造樂趣。透過破壞他人的人格和尊嚴來加以展示痛苦、試圖引發關注的人，在韓國社會，被稱為「關種」*。

---

* 譯註：「關心種子」的簡稱，亦即刷存在感分子，其後將以「黑粉」代稱。

5.

無論再怎麼熟，一直公開自己的私生活真的很惱人

——刷存在感！以「交情」之名瘋狂分享私生活

黑粉會不顧一切吸引別人的注意，並為此不擇手段，但並不是如同「Aggro」（意指時常在網路上貼出不符主旨或惡意貼文來引戰的行為，或是做出這類行為的人）一樣，用價值或意義的挑戰來引發矚目。對黑粉來說，就算騷擾、激怒別人也好，只要能換來「反應」，就算達成目的。他們的目標只是尋求「關注」，藉此爭取存在感，並不是想要被當成有價值的人。面對那些引戰的人，無反應就是上策。

黑粉想要的不是「關心」，而是「矚目」。關心這個詞彙在私人領域或兩人關係中也會用到，比矚目所涵蓋的範圍更深刻，而矚目是在兩人以上的多人團體或是更加公開的場域才會發揮作用。黑粉期盼的就是這種「矚目」層級的關注。

從這點來看，把黑粉視為「缺乏被愛」的存在，是有點問題的。他們對他人的期待不是愛，而是關注，即使只有一個人也好，他們希望有人能注意到他們的行為並加以回應，為此被罵也無所謂。在網路上求關注的人，並非一定是在現實生活中缺乏被愛感的人（雖然這也是可能的原因之一），而是希望在社會空間中找到存在感的人。

為了獲得關愛而故意頂撞或爭執，這樣的行為和黑粉也有所不同。為了獲得關愛以製造紛爭，是為了被愛並進一步結束爭執；爭吵的目的，也是為了終結永無止盡的爭吵。然而求關注的人，期盼的是不斷製造出新的矚目焦點，並持續被關注。因為黑粉不是停止受到關注後還能擁有存在感的安定狀態，他們只能不擇手段地不停引發關注，試圖延續這種感覺。

黑粉剝開了人們的真面目，把世界變成了一個動物園

如果黑粉只是一兩個零星地出現，還可能是一種個人心理或社會病理學上的現象，但如果黑粉是大量產生，就成了社會現象。在現今社會，一方面，已不太可能透過勞動進行社會貢

獻，獲取存在感；另一方面，人們也較少處於互相讓對方快樂的關係，而是彼此貢獻、消費樂趣的關係，如此一來，想透過矚目來取得存在感，也是理所當然。

此時的存在有幾個層次。如果社交層次是第一順位，那麼，就有政治性的存在感，在韓國，以正義為名的「打臉文化」便是典型的例子。政治原本就包含正義問題，人們透過討論、合作或爭執來定義和實現正義的行為，就是政治的一環。但現在的社會已離這種政治越來越遠，政治漸漸只剩政客和官僚，在這個慢性政治嫌惡的社會中，以正義為名的政治表演，就成了可以吸引目光的策略。

不可忽視的是，這類矚目背後都代表了金錢。和我素有往來的民間神學家鄭容澤曾告訴我，歐美早有相關研究結果顯示，這種矚目不只是文化現象，也是經濟現象，有很多媒體和輿論報導在Facebook、YouTube、Afreeca TV直播網等自媒體或個人主播（BJ）平台上能夠獲得多少收益。當然了，所有自媒體都需要和平台上無數的會員競爭，競爭之激烈，和寥寥無幾的傳統媒體大相徑庭，想在這些平台上爭取存在感和目光，就得不斷下猛藥。

那些想透過逗樂別人來吸引關注，且強度越來越強的「內容」之一，就是羞辱他人，遭受羞辱之人則因為羞恥感而不知如何應對。這麼說來，對人類來說最羞恥的會是什麼？恐怕就是在別人面前被剝光。「衣服」是文明的象徵，它掩蓋了羞恥，使人類與動物有所區別，一旦在他人面前被剝光，人便不再是人，而會墮落成獸。對此加以嘲笑、以此為樂，甚至把遭受羞辱者丟到街上示眾的人，就屬某種「黑粉」。

黑粉的先驅在《聖經》裡也曾出現，那就是挪亞的其中一個兒子——含（Ham）的故事。某天，挪亞喝得爛醉，脫個精光就睡著了，此時含非但沒有裝作不知或幫忙掩飾，還告訴自己的兩個兄弟。雖然《聖經》中沒有出現「捉弄」這個詞彙，但把別人的糗事傳出去，就是讓當事人丟臉的行為。《聖經》箴言中有句話是這樣的：「屢次挑錯的，離間密友。」＊黑粉的嘲弄行為不僅讓當事人丟臉，也會讓說話者和聆聽者漸行漸遠。

而現代黑粉的目的，自然是在公共場合羞辱某人、使其丟臉，對他們來說，遭受羞辱的當事人是用來恥笑和捉弄，並非用來憐憫的對象。如果對象剛好不是人而是動物，那就更不會有罪惡感了，放肆大笑也無所謂。總之，不穿衣服、不用遮掩重要部位的動物當然就是被展示的

＊ 譯註：《聖經》箴言17：9，全句為：「遮掩人過的，尋求人愛；屢次挑錯的，離間密友。」意即不停挑人過錯者是離間摯友的人。

對象，因為牠們不知羞恥，所以觀賞牠們不需要保持距離，就好比動物園似的。事實上，黑粉想要的就是把整個世界都變成動物園。

「你不也仰賴大家的關注過活嗎？就讓我來揭開你的偽善吧！」

當黑粉想要透過羞辱他人來誘發大眾的笑聲，把當事人變成展示品來換取關注時，通常第一個被拿來使用的藉口，就是「偽善」。因為偽善就是對人的蔑視，因此即使揭露了，揭露者也可以獲得道德辯護。脫掉當事人虛偽的外衣，令其赤裸地面向大眾時，黑粉是開心的，如果偽善者剛好具有很大的權力或平時自以為是，那就更令人開心。

事實上，「打臉（finger-pointing）」是一種很古老的政治手段，特別是點出支配者的虛偽和雙重標準，這已在受支配的群體中被廣為使用，效果也很顯著。在國際人權運動中，也經常使用這種方法來揭露西方世界的偽善雙重標準。而將這種打臉行為正當化的，正是「正義」，這點不容忽視。

近來若觀察韓國社會便會發現，連日以來，上搜尋排行榜第一名的新聞，大部分都是名人的「醜聞」、偽君子的八卦，以及有關他們垮台的新聞，比起深深影響了生活的政治或經濟議題更能引人注意。笑看那些一直都比自己過得更好、讓自己相形見絀的人們失去了地位，透過感受他人的痛苦來振奮自己的心情，這幾乎是成天把「完蛋了」放在嘴邊過活的那類人唯一振奮的時刻。

特別是名人聲望的殞落，它們之所以能帶來更大的快感，就是因為一旦開始墜落，溜到谷底可是比一般人來得既快又深。而隨著下墜的速度越快，墜落得越深不見底，受到打擊的當事人就更顯悲慘，對於那些想要享受別人痛苦的人來說，名人是非常好的獵物。名人墮落的八卦會以光速傳播給大眾，並遭到徹底的剝光，當一個原本很有名望的人走向衰敗時，人們會群起圍觀。吃著爆米花、看著名人完蛋，世上可沒什麼比這個更加有趣的了。

除了曝光其偽善之外，名人之所以成為黑粉的目標，還有另一個原因。因為在黑粉的世界中，為了不斷引起注意，必須推出「更強的東西」，才能不斷吸引人們的興趣，順便提升自己的「聲望」。而提高自己「聲望值」的最佳方法，就是毀滅一個名人。「我贏過那個人了！」的心情，就好像自己一舉站上那個人的地位一般。

因為如此，黑粉樂於挑戰名人，好比武俠小說中的「踢館」，黑粉尋找著那些傳聞中武功高強的道館挑戰。找名人挑戰這件事令人興味盎然，而大眾則是拿著爆米花前來觀看就可以了。更有甚者，在網路發達的當今世界中，黑粉更可以完成過去不可能的任務——直接上門挑戰名人。不管是辯論或是用其他方法，只要能讓名人垮台，就能瞬間聲名遠播。想當然耳，被踢館的當事人也就要面臨丟臉和被羞辱的局面了。

而對此火上加油的，則是媒體，目前我們社會中的大多數媒體性質都是黑粉，且正在系統化地量產。媒體最常處理的話題就是「八卦醜聞」，而我們常看到的報導型態都是揭人之短，通常以藝人為焦點，假作大義地將其隱私和偽裝揭開，暴露在大眾眼前。如此這般，新聞媒體將名人醜聞政治化，再把政治醜聞化，在這個時代，從事政治是不可能的。

然而這種被揭開了偽裝、在眾人面前丟臉的經驗，不僅是名人才會經歷。在這個時代下，每個人都有被剝光示眾的風險，這就是當今社會空間的基本特徵。

社會不是一個能夠與人素面相見的地方。社會學家厄文·高夫曼（Erving Goffman）曾說，當我們走進社會空間時，都要扮演一個被賦予的角色，會戴上面具與人來往，而面具背後的素顏究竟長相如何並不重要，重要的是，個人是否忠於自己被賦予的角色。如果我們忠於這個角色，就該對別人面具底下的面孔裝作若無其事、無所關心，這是所有在社會上闖蕩的人都必須遵守的禮儀。根據這點，其實社會上互相左右的每一個人，都是蒙面的存在，也就是偽君子。

黑粉鄙視並嫌惡這種偽裝，他們希望得到公眾的關注，卻又同時鄙視公眾。一般大眾會鄙視黑粉，並表現出對他人關注沒什麼興趣的模樣，但對黑粉來說，這些大眾「其實不也是急著想被關注」？揭露大眾的偽裝，也會給這類黑粉帶來非常大的喜悅。對黑粉來說，不僅是名人的偽裝，玩著假面遊戲的普通人也是噁心的目標，一般大眾的日常生活、社會關係，也是他們想揭露的。

只要一般人有任何不檢點，黑粉就會全面動員起來，把當事人挖出來當街示眾。事情發生的原因和前後背景並不重要，對他們來說，重要的是事實本身，而且是那些可以讓當事人脫掉偽裝、展現醜惡內在的事實。所以對黑粉來說，重要的並非事件的脈絡，而是片段式的、能夠呈現當事人偽裝的「真相」（fact），而比起「事實」，這裡的真相更接近「短篇小說」。

黑粉的話語和形態之所以大部分都顯得邪惡，原因就是在此。他們嫌惡偽善的行為，揭露偽善令他們感到痛快，同時又能得到其他人的關注。他們認為邪惡在道德上比偽善更正當，這才是人類本色，也就是更接近人類素顏的模樣。由此來看，他們真正想要破壞的，是允許大家玩假面遊戲的舞台——社會。

被人肉搜索了——當事人越痛苦，黑粉的名聲越高

在我們生活的這個時代，個人在公共場合被剝開示眾的東西是什麼呢？我們常在網路上看到有人以正義之名「網路起底」，所謂的「底」，指的是一個人的個資，包括名字、居住地址、平日活動和臉孔長相。被起底的人彷彿連一根頭髮都藏不住，生活的一切都會被公開。

起底行動通常都是假正義之名，國家和政治不能做的事，由人民來做反而就合理了。事實上，人肉搜索之所以被合理化，主因是大眾對政治的不信任和仇恨。許多民眾認為政治根本不能聲張正義，造成了人肉搜索的盛行。由於人肉搜索這種讓事主丟臉、毀人尊嚴的行為，是填補現行政治制度的空白和缺失的「政治行為」，因此反倒被正當化了。當政治成為政治人物（政治官僚）的職業，使得民眾對正義層面的期待落空時，人肉搜索可以讓人民獲得一種政治

性的存在感。

然而，實際上，當然也有不正義的網路起底行為，而主事者也清楚自己起底他人的行為其實是犯罪。這些人嘲笑和鄙視「正義」，認為正義也是虛偽的，甚至露骨地承認人類就是會用正義來包裝自己的行為，實際上是為了好玩才追殺別人。到頭來，這就是一種反政治。這群人不僅企圖擺脫政治，更要戲弄政治所追求的正義，並加以摧毀。當然，這仍是一種政治行為。這種起底，不僅摧毀被起底的人，同時也摧毀了政治。一方面，它使得「個人」這種現代的存在方式變得不可能；另一方面，也阻斷了真正尋求正義的政治。

在除了親密領域以外的場合，現代人都可以擁有匿名身分，這是個人在社會中最重要的權利。因為有這份權利，個人才有真正的自由，但起底卻是在剝奪個人的社會自由。在現代社會中，被剝奪自由的人就等於死亡，從個人自由層面來看，起底行為等於是一種死亡宣告。網路起底之所以可以破壞個人的存在形式，就是基於這個原因。

在現代社會，個人可以透過匿名來保護自己的人格和尊嚴，每個人都擁有一個在他不允許時就不會被任何人侵犯的領域，尊重這件事，就是尊重一個人的尊嚴。雖然，所謂的「個資」本身並不代表人格，但在個資被揭露時，神聖不可侵犯的領域會跟著瓦解，而首當其衝的就是人格。因此，網路起底也等於摧毀了一個人的人格。

在中國，人們把「網路起底」稱作「人肉狩獵」*。從行為的表面來看，「網路起底」的用詞很精準，但就其含義和後果而言，狩獵則更精確。被起底的當事人被剝奪的不只是個人隱私，而是連同社會上的生存自由與人格都被獵捕、抹殺。從這方面來說，起底行為便是網路時代的狂歡和狩獵活動，我們生活在一個個資即「血肉」的時代。

以上也說明了，為什麼當代所有人都不得不在意隱私議題，對個資戰戰兢兢。比起肉體被毆打，更恐怖的是在違反個人意願之下，公開了代表個人肉體和靈魂的個資。不僅如此，它還將永遠存在於網路世界中，即使人死了，它也不會消失。即使人死了，也必須永遠受苦，這不是有結束的死亡，而是永遠的死亡，即地獄。

在這方面，我認為女性當然會比其他人更在意偷拍問題。與其他可能擁有解決方法的對象不同，在一般被稱為「偷拍」和「報復式色情」（Revenge porn）的犯罪下，女性往往沒有逃脫的空間，受害者的社會自由完全被剝奪了，連身邊的人都可能會知道，必須時時刻刻懷著外出時被人認出的惶恐，尊嚴和自由都被摧毀。「偷拍」就是這種讓人生不如死的惡行。

「偷拍」和「報復式色情」有其標的，那就是臉孔和身分。只有人類擁有，而動物沒有的，就是臉孔，人們透過臉孔，將感受和生活如實地揭露出來。臉孔顯現、證明了一個人的獨特性，臉孔代表著人的人格，保管臉孔，就能保住人的尊嚴。然而，當臉孔可能被連結上那個人的身分，例如在哪裡生活、叫什麼名字等——當一個人的名字被貼在臉上時，最基本的匿名性便都消失了，當事人成為受嘲笑的客體，被徹底地剝光。每當偷拍或報復式色情的影片傳開時，就等同於性騷擾的重複發生，並且這不再是象徵性的血肉，而是受害者真正的「血肉」。

年輕一代和老一輩人對個資的感覺完全不同，老一輩人時常不明白為什麼年輕一代對個資如此敏感，在他們眼中，有些行為實在是小題大作。然而年輕一代從小就反覆經歷了數位世界中「個資不僅是個資，甚至可能會摧毀人格」的經驗，對年輕人來說，人格的定義與老年人相當不同。

學校是很典型的案例場所。近年來，導師對於未經學生許可就將學生個人資料公開的作法非常謹慎。舉個例子，以前的時代，當學生因父親過世而缺席時，老師會理所當然地在朝會時跟大家說：「某某同學的父親過世了，可能會請假一段時間，過幾天他回學校時，請大家好好

＊ 譯註：簡稱人肉。

安慰他。」在過去，老師會認為身為班導的責任就是盡告知義務，並鼓勵其他同學前去安慰。

但對於年輕一代而言，這太可怕了，因為「沒有爸爸」這件事，不知何時會成為被攻擊的武器，成為被拿來嘲笑的談資。即使大多數同學都很善良，但總有一兩個人可能惡意地使用這項情報，班上的和平氣氛也很可能被一兩個人的惡意吞噬。即使並非所有人都是如此，仍然有人會害怕自己被欺負，因而陷入沉默。所以學生會對老師說：「請千萬不要告訴班上同學這件事，我討厭被人知道。無論大家有多熟，自己的事被知道了，都很可怕。」

個資被揭露、遭到肉搜的人，往往在人格受損的狀況下感受到近乎死亡的劇烈痛苦。他們沒有足以說明自己痛苦的話語，儘管感覺到痛，卻沒有語言可以傳遞，無法對外控訴。要不崩潰，要不就裝作若無其事，不斷反覆這個過程，直到身心俱疲。

然而這種淒慘的痛苦，對黑粉而言，無疑是讓自己更出名的機會，就如前面所說：一種對名人的挑戰。為了更出名，黑粉必須提出「更強的東西」，而如果要取得更強的東西，則必定使某個對象的痛苦更加劇烈。必須展示更多悲慘和獵奇之事，來提高他們的名聲和等級，他人的痛苦，無疑是黑粉的名聲基礎。

6.

有多少人對我委屈的貼文按讚呢？——把受害者變成刷存在感分子的網路時代

痛苦之人最早察覺到的，就是自己沒有語言的事實。當那份痛苦越是無法預測、越是極端，且是來自外在傷害時，越覺得自己缺乏語言可供說明。當一個人不能說明發生在自己身上的事，就會和世界斷絕聯繫，感受到被遺棄般的劇烈痛苦，不僅生存的世界瓦解了，也會陷入無法重建世界的無力感。

為了傳達自己的痛苦，受害者最先依靠的語言往往會是一種「陳腔濫調」，那不是為了將自己無法說出口的感受表達出來而努力創造的語言。當受害者好不容易拒絕使用陳腔爛調，但此時說出來的話語反而會被忽視，因為，雖然這是受害者本人的話語，卻不是社會可以聽懂的，社會上所要求的，只有社會能聽得到的語言。

這種語言，就是「像一個受害者的語言」。然而事實上，根本沒有所謂「像一個受害者的語言」，因為受害者是僅剩哭嚎的存在，並不是說話的人。受害者不能只是一個正在承受痛苦的人，還必須要在痛苦中死命掙扎，表現得像是世界末日或生命即將告終。但是痛苦不一定是受害，受害也不一定是痛苦，區分兩者很重要。正如我之前所說，痛苦是不可言傳的，除了喊叫之外，別無選擇；但受害不同，受害可以被述說。儘管被害引起的痛苦，將受害者推往無法說明痛苦的存在性異次元中，但受害的事實並不是存在性的，而是權力關係所造成的社會性結果。

然而正如女性主義學者權金炫泠所明確指出的，人們往往不希望被當作受害者，希望被單純視為正在受苦的人，因此作為一個受苦的人，他們會試圖談論痛苦（即使無法說出口！），並試圖重回個體陷入痛苦中時不斷哭嚎的存在狀態。當人們反覆問他們：「你當時的心情如何？」答案無論何時都是相同的：「我想去死。」正因問題是如此陳詞濫調，答案當然也只能千篇一律，受害者就只能這樣墨守成規。

受害者想透過陳腔濫調嘗試揭開痛苦的恐怖，然而作為一個只能重演痛苦的受害者，使得他們無法以一名受害者的身分好好對外說明，反而只能讓自己看來像是在痛苦中掙扎的人，這是一種剝奪其言論和生活的暴力。因為受害者是受害的，所以只能表現出痛苦的模樣，對他們來說，除了痛苦以外，沒有其他日常生活。因為他們是受痛苦所影響而沒有日常可以回歸的存在，所以也無法做每天日常會做的事。

不該吃美食，不該跟任何人約會旅行。除了痛苦之外，什麼話都不該說。痛苦的他們不該穿華麗的衣服，正在和痛苦搏鬥的人，不被允許經營日常生活。他們只被允許「死亡」，必須看來像崩潰的行屍走肉，這是控訴痛苦的受害者所必須維持的「一貫性」。

一旦從痛苦中恢復、走入生活後，就不再被視為受害者。受害者是一個因為迫害而失去日常的人，並且因為日常生活已被摧毀，所以才會受苦，一旦回歸日常，就證實他們已不再是受害者。當受害者脫去「像一個受害者」的面具，人們的同情便可能轉為輕蔑嘲諷。

受害者必須活得像是世界末日，儘管他們也有必須維護的日常生活

然而對受害者而言，難道沒有日常生活可以回去了？當然不是。我們應該再次留意，世上

沒有語言可讓受苦的人解釋他們的痛苦，在沒有語言可供解釋的情況下，人生便會是一團糟，只能被看成是痛苦的存在。痛苦吞噬了整個生命之後，就很難區分生命中的哪些部分與痛苦有關，哪些部分又能從痛苦中解脫，這就是痛苦因為不能被說明而進一步破壞日常生活的模式。

在這種狀態下，被摧毀的日常仍然一成不變地擺在受害者眼前，他們無可避免地要在靈魂破碎的狀態下繼續過活。因為沒有語言，受苦的人便不能聲明，自己無法在現存的痛苦下，還得用以前的方式繼續眼前的日常；因為沒有發出這項聲明的語言，明明已經崩壞的日常，便會像沒被破壞似地持續下去。受害者必須在日常生活遭到毀壞，卻無能言說的狀態下，繼續活下去。

另一方面，所謂產生語言，意味著能夠打破或識別什麼，例如從哪裡到哪裡屬於被害的問題，哪裡到哪裡的問題又與之無關。因此當受害的語言出現時，人們便有可能重新回到日常生活。除此之外，隨著話語的開展，受害者也可以回到能與他人交流和談話的場域，即使在廢墟中，也能與人們一起活下去，但是這就成了會被黑粉們稱之為「偽善」的攻擊目標。

經歷了無法言說的痛苦、重新找回語言的人，往往會遭受黑粉不分青紅皂白的攻擊。經典例子就是農民白南基*的家屬。韓國社會只希望他們陷入父喪之痛後，最好什麼都做不了、只能在痛苦裡掙扎，然而家屬仍擁有語言以說明造成這番痛苦和父喪的迫害，因此父親的過世並沒有將他們的人生破壞殆盡。對家屬而言，他們擁有著即使必須一邊擁抱父喪之痛，仍得一邊繼續走下去的日常生活，也因如此，他們盡可能地撐下去。

他們在自己的語言基礎上，拒絕了崩潰的「受害者」刻板印象，拒絕在痛苦中掙扎哭喊，努力守住自己的人生。然而韓國社會不能容忍這樣的表現，以保守媒體為首的各家新聞連日批判他們不顧父親逝世還出門遊玩，不披麻戴孝迎接前來弔唁的賓客，毫不避諱地在公園裡散步談笑、出門享受美食，根本是喪盡天良的不孝子，還膽敢拿爸爸的死來做政治操作，完全天理不容……等等，世上幾乎沒有人可以克服這種惡意攻擊。

最後，受害者被迫在兩個面具中挑一個戴上：一個是像受害者般地行動，演出整個人生都遭到破壞的戲碼；另一個則是裝作什麼事情都沒發生，也沒有痛苦。但無論何種面具，在受害者被迫選擇時，就絕對不可能在痛苦的廢墟上找到自己的語言，並恢復生活，當他們回到往日

＊ 二〇一五年，首爾爆發大規模示威，抗議政府的政策，逾十萬人上街頭。韓國政府以水砲鎮壓群眾，六十九歲的農民白南基遭水砲正中頭部，昏迷三百一十六天之後，不治身亡。

生活的瞬間，就會被批評是在演戲。

這破壞了受害者在這兩個層面重新找到語言的機會。作為受害者，原本可以談論受害經歷並說明問題，也有解決問題的能力，但當受害者只能「重演」痛苦時，就會忽略他可以提出問題及抗議受害的事實（也就是說明痛苦這件事），只會把焦點放在痛苦和悲慘上。

這個結果，使得受害者變成只會哭喊的人，因為哭喊可以引起別人的注意，而引起注意這件事，會導致受害者產生一種錯覺，以為自己好像能把痛苦傳達給他人，最後他們將進入一種想像中的關係，以為即使痛苦無法解釋、無法說明，卻可以引發同情和共鳴。

這種虛構的關係，將使他們無法直面「痛苦無法被說明」的事實。然而，唯有在人們可以直面「痛苦無法被說明」的事實時，才能想起一個真正迫切的問題，並試著回答，也就是：「那麼，關於痛苦，有什麼是能被說出口的？」在「痛苦的絕對性」這個存在層面之上，讓人們感受到名為寂寞的普遍性情緒，是可以言說的，但上述的虛構關係卻封閉了這個過程。因此，受害者只能作為一個煽情的案例，用來展示和消費。

與此同時，當兩種生活都變得不可能，受害者只能作為一個受苦的人，盡情哭嚎，展現生活已完全崩潰的事實，彷彿美好生活絲毫不存在，只能當個悲慘的人。這使得為受迫害的事實辯駁的努力，或是面對痛苦並在痛苦廢墟上重新生活的努力，都被視為是不正當的，這就是只有痛苦被保留的「受害者形貌」所演變出的駭人結果。

在專門量產煽情新聞的平台上，痛苦奧運正在展開

悲劇在此再次發生。受害者當然看穿了世界的真相，非常清楚該如何向世界傳達自己的故事。他們也確切知道，用自己創造的語言述說，並試著回歸社會時，會遭受什麼樣的責備和攻擊。因此，受害者往往不得不扮演「受害的角色」，藉此提出問題並加以解決。在肩負沉重的痛苦下，現實的判斷告訴他們，難以找到其他出路，這使得他們不得不去扮演。但扮演角色這件事，對於實在無能訴說己身之痛、也無能讓他人瞭解自己的受害者來說，是在撞上絕望之壁時，不得不走上的一條不幸之路。

這裡要重提的，就是痛苦的絕對性。痛苦無法被比較，對受苦的人來說，痛苦是絕對的。因為可以用來重新打造世界的語言被剝奪後，它所引發的痛苦，讓個體的痛苦被孤立起來，這

也就是痛苦之所以絕對的原因，它也無法從水準或程度來衡量和比較。

這種疼痛的絕對性，原本有其價值，但在官能主義的媒體、網路論壇等公眾平台上，人們並不會仔細覺察個別痛苦的絕對性。個人痛苦放眼皆是，大眾平台不會探究，只想提高痛苦的內容和強度，以達到符合「新聞價值」的水準。對他們來說，重要的不是痛苦的絕對性，而是煽情程度，所以當受害者躍上平台時，必須用相當煽情的方式來揭露痛苦的絕對性，以便吸引目光，這就是平台的本質。如前面所說，關注度代表一切。

這並不是受害者個人的問題，網路平台上的「最佳回覆」、「即時檢索排行」、「轉貼次數」等機制鼓勵更多的競爭，這把受苦的當事人一個個都變成「關心種子」。因為痛苦無法言說而倍受煎熬的當事人，會在這些平台上遇到對這份痛苦好像感興趣的人，他們會開始在意大家關心的「程度」，例如開始數算有多少人對我訴苦的發言按讚，開始察覺到說得更痛苦一點就能贏過其他人的痛苦、就能得到更多的關注。這樣一來，似乎能克服痛苦造成的寂寞及個人世界的崩壞。轉推數越多，似乎越能恢復自己的世界，好像自己真的能夠談論痛苦一樣。

對受苦的當事人而言，最痛苦的是思考，但即使再怎麼討厭思考，念頭也仍不斷浮現；明明知道想了也不會有答案，但如果不思考就無法脫離僵局。因為必須思考才能直視「痛苦不能說明」的事實，並理解到最後到底有哪些事物是能夠述說的，這過程才是最大的痛苦，也是受苦的人發狂的原因。因為連自己都無法容忍和接受自我，對自己感到焦躁、不能和自己溝通，於是才會對其他人發火。

對於陷入這種矛盾的當事人而言，如果不用思考即能對外說話，就成了最大的誘惑。而在專門販賣痛苦的平台上，即便沒有真正開口說話，只是哭嚎一番，也能達成效果，讓人感覺自己已經明確表達。平台會為當事人奉上一些為平台自己量身打造的「經文」，讓當事人背誦陳腔濫調，並且不讓當事人有機會凝視自己的痛苦絕對性，而是將其引導至某種普遍性的結論。平台讓當事人藉由傳達痛苦以吸引他人的關心，達到「宣傳」之效。在所謂的平台上，必須和其他的痛苦競爭，要把其他痛苦推開，以大肆宣傳自己的痛苦。我要再次強調，這樣的行動，表面上確實是可以讓當事人擺脫思考痛苦的那層痛苦，並擺脫最大的痛苦——孤獨。

然而與痛苦有關的語言，是來自於徹底自覺「痛苦不能被說明」的事實，也因為不能說明，所以接著會尋找「還有什麼可被述說」，這個艱難的過程是很有必要的。在這過程中，人們得以辨別、劃分能夠與無能言說之物，當人們可以正確說出那些能夠說出口的話語時，原本不知道該怎麼說的話語，便也可以被說出來了。因為語言具有神祕的力量，當人們把不能被說明的事給標記了出來，其他人就會在當事人面前選擇保持沉默，並禮貌地尊重痛苦的絕對性。但換成在充斥黑粉的社會中，則會阻斷受害者重建尊嚴的道路。

7. 結果，除了自己之外，誰都討厭
──公眾場域成為痛苦大對決的競技場

讓希臘民主開花綻放的政治家伯里克利（Pericles）曾在一場著名的葬禮演說中表示，成天躲在家裡，只在意家務、亦即自家經濟，不參與公眾事務的人，是什麼都不做的一種人。對於把人視為政治動物的希臘人來說，不參與政治的人，就會被當成什麼都不做的人類，成為被藐視的對象。

希臘人為了參與政治，一早醒來就聚集在廣場議事，花一整天聆聽他人的故事並提供意見、甚至爭論。若以現代人角度來看，就是參加公共討論事務的場合。為了在公眾場合獲得其他人的支持，希臘人還會砸下一筆錢以學習「辯證之術」，即使可能被視為詭辯也罷，但只要說話內容足以讓別人理解，就是我們作為人類最重要的能力。

然而透過公開辯論參與政治也有風險，若在辯論場合稍有失言，或在別人的論點下敗北，便可能一次葬送過去積累的名聲。如果一個人經常接受挑戰、又反覆失敗，也會開始習慣丟臉。最終，嘲弄和蔑視會回到敗北的人身上，令他們感到羞恥。所以說，參與公共辯論或是在大眾面前發言，是隨時要承受失敗風險的。

在現代民主的公共領域中亦同。雖然如今沒有可供辯論的希臘廣場，但在當代公共領域中，討論和辯論從未停止。有些昨天還是最有名望的人，今天說錯了一句話或稍有不慎，就可能立刻在大眾面前蒙羞，不小心即遭受類似希臘對公民實施的最大懲罰——流放，永遠被趕出公共討論的場域、被冷凍，這一類的風險永遠存在。

過去和現在的風險之間，當然有很大的差異。在古希臘廣場上的討論，和以報章雜誌或書籍等印刷媒體為中心形成的近代公眾場域相比，具有時地限制性，不是每一個人都能隨意參加。如果想在公共領域立足，不僅要有說服別人的能力，還要有能力傾聽。事實上，自己的語言並不是在說話過程中誕生，而是在聆聽他人對話中產生。

也因如此，聆聽和說話的能力一樣不可或缺，不能正確聽懂別人的話，或是不能承認自己的理論邏輯劣於他人者，就會被排除在討論之外。不懂聆聽，就不可能會說話，因為說話這件事總得是一種「回應」，我們向對方說的話，只有在針對他的話做回應時才有意義，要做到這點，就必須正確理解對方說話的內容，回應中總要包含著針對對方論點所做的整理，對方也要表達對於這番整理的認同。如此這般，才有可能展開「對話」。

公共場域成為痛苦之間競爭的戰鬥場，讓人們邊吃爆米花邊觀賞

為了在聽完別人的話語後，重新打造自己的語言，我們需要「學養」。在韓國期刊《蒲公英》一一五號中收錄了由日本文化評論家內田樹所寫的〈縝密地劃分表達方式〉，文中便曾提到，學養最大的作用就是劃分。對於他人而言看似毫無差異的事物，對於擁有學養，亦即擁有語言的人而言，仍舊存在著能夠劃分界線的些微差異。內田樹將此比喻成區辨率，也就是說，「擁有學養」意味著一個人能夠提高對事物的區辨率，而分辨他人話語的能力也包含其中。以高度區辨力去傾聽他人說話，就能感知到對方話語中若有似無的差異，並加以重述。

這就是為什麼即使過去有被駁倒的風險，人們仍會參與公共討論的另一個原因。在高區辨

率的公共場域中，失敗不會只是有失顏面，在與區辨力較高的人對話時，即使在這場辯論中落敗了，也會不知不覺學到如何判斷自己話語間微妙的差異、矛盾和缺失。參與公共討論，不只是為了贏過或駁倒別人，也是為了同時擁有提升自我語言區辨力的學習空間和成長機會，因此人們即使在討論中輸了，仍會因為能夠學習，而繼續熱心地參與公共討論。

然而如今，公共論壇卻是徹底羞辱他人、觀賞他人覆滅的場域。即使偶爾出現一個需要具有高區辨力的案例，人們往往也並非針對其邏輯去辯論，而是把討論場合化為嘲笑當事人人格的空間。更有甚者，極盡羞辱的目的，並不是基於某種「邏輯」，而是仍舊聚焦於「偽善」與否。先大肆剝開當事人的人生，針對他過往所行之事，挖出他在過去某個時間點的失誤加以打擊、稱其為偽君子，最後把整件事變成一個嘲弄的笑料，置當事人於死地。

因此，現在進入公共論壇，不僅可能因為邏輯上的落敗而丟臉，還可能隨時被起底。一個人的身分包含了一個人的一切，過去所有痕跡、潛藏於內在的一切，以及所有的關係，這些全都可能在公共場域中被公開，即使是任何人都不該侵犯的隱私都是。資訊時代下的人肉會輕易被公開示眾，造成人格的瓦解。

正因為公共場域淪落至此，導致那些擁有高區辨力或期盼擁有高區辨力的人們，迅速地自公共場合中撤退了。因為無法透過聆聽別人來提昇自己的語言，並且一不小心說錯什麼就要面臨被人肉搜索、被人格傷害的風險，實在沒有必要多所逗留。於是人們開始避免公開在大眾面前發言，只在有時空限制的場域交談。

不得不在公眾前說話時，也只會講些「有說等於沒說」的話語，這樣才安全。要不就是先自我審查，盡量不要說些可能讓人產生誤會的內容。對人們來說，如今最重要的是自身安全。當演說中出現問題，不一定會在現場被討論和糾正，但所有內容都會被記錄，將來不知道會不會在某個場合被某個人拿來作為攻擊的材料，因此最重要的，是不要讓它成為引來黑粉們的獵物。

另一方面的問題在於，強加在受害者身上、要他們扮演「受害者角色」之類的陳腔濫調，也使得一場讓受害者爭相展示其悲慘程度的「痛苦大對決」隨之展開。因為當事人在為自身遭受的迫害所帶來的痛苦加油添醋時，至少獲得了一些關心，因此他們也開始把自己的痛苦放大，無法接受他人的存在先於自身的痛苦，或者出現其他種類的痛苦。他們害怕自己的痛苦被排擠在外，或因未受注意而迅速地被遺忘。

也因此，痛苦之間出現了血腥爭奪戰，大家爭論著最多人遇到的痛苦是哪種、哪些程度又最強。這種評述機制已不只是迅速地將一切變得微不足道、以煽情套路消費痛苦了，它還將其他苦難都視為自身痛苦的敵人。各種痛苦之間互相攻訐，必須把其他痛苦打壓成不是痛苦的存在才行，如此一來，才能讓自己的痛苦被持續視為重要的問題。吸引關注並維持關注，已經成為實質的生存問題。

恥辱和覆滅、悲慘的展示以及悲慘間的競爭……一切都成為這個時代下的公共場域中最令人愉快的觀賞場景。只要有人說哪裡發生了爭吵，就有人拿著爆米花過來旁觀。而爭鬥的原因並不重要，爭鬥本身就夠精彩好看了，爭鬥越糟糕、越混亂，就越令觀眾振奮。只要自己閉上嘴巴，那些爭鬥的泥濘就不會濺上身。

當然了，人們可能不是一開始就打算旁觀取樂，可能是為了瞭解其他人的生活方式，以及世界如何運轉，才來到此處；也可能是為了傾聽別人的故事並參與討論，這才前來的。在看到世界荒謬至此時，原本人們也可能想出一份力來打破它，此時，以「正義」為名的爭鬥，會更引起他們的注意。尤有甚者，人們偶爾也可能羞愧於自己對「正義」的詮釋朝令夕改，並期待在爭論場合中找到更好的正義。然而當人們進入這個和稀泥的戰鬥場域，環顧四周時，肯定也發現了那些只對爭執本身感到興奮的人群，於是在這些嗑著爆米花、咯咯笑著的群眾身邊坐下之後，就再也離不開座位了也說不定。

圍觀的人越多就越能獲利的，是各種平台。它們必須不斷生產有看頭的事件，對它們來說，世間痛苦不是急需解決的問題，在公共領域發生的辯論也不是解決問題的過程。這一切之所以會有價值，都只因其具備辯論和爭執的「鬥爭」本質，是很好的圍觀素材而已。因此這個時代的公共平台不斷激化爭端、創造能夠讓人們爭吵的空間，再拚命把人推上戰場。我要再次強調——關注就是財源，這些都可以變成金錢，所以黑粉不會僅僅只停留在社會和政治領域，還會不斷地被市場複製出來。

各種悲慘之間彼此競爭，在試圖解決悲慘的意見之間也引發爭端，接著再讓我們觀賞這番「競爭」——公共場域實則成了觀賞戰鬥的鬥獸場。鬥獸場的本質並不是戰鬥的發生，而是戰鬥劇場本身。這是一個人們可以坐在最安全的位置上觀賞著最悲慘可怕的劇碼，並跟著又叫又笑的劇場——這便是當代的公共場域。

在這座飽受關注的鬥獸場裡，什麼人都有。有些是不停把人帶進來餵獅子的奴隸販子，他們不斷從各地找來無辜的人，在場上指責他們的虛偽之後就扒光示眾，極盡羞辱之能事。被拖來犧牲的人必須吸引觀眾的注意力才能擁有存在感，因此他們不斷想把其他人變得更悲慘、更羞恥。

有些則是為了自己的生存而對他人的痛苦置若罔聞的鬥士。他們需要引起別人的注意，才能解決自己的問題，為此，必須將自己的痛苦極大化並加以展示，強調自己才是絕對的受害者。在過程中，他們必須和其他痛苦進行血戰，直到把其他痛苦推下舞台。

當然，戰鬥場上還會有觀眾，這些人才是真正讓黑粉劇場經營下去的人。他們拿著爆米花、坐在最安全的位置，消費場上的一切，偶爾適時向場上的鬥士丟出廉價的同情，並要求「皇帝」營救他們。他們有這樣的力量，他們用手指點擊——也就是按「讚」——決定了某人的痛苦是否應該繼續或被解決。然而，他們的手指也很快就滑向新的焦點事件。

在最安全的位置上，觀眾當然也嘲笑、鄙視創造了所有談資的奴隸販子，罵他們是為了討人關注、不擇手段的噁心人種。觀眾瞧不起他們為了換取關注，連自己的孩子都販賣，或是主動脫光了示眾討拍。然而觀眾的目光也不會真的從奴隸販子製造的焦點上移開，只是一邊笑罵、一邊要求奴隸販子拿出「更強的東西」。對這些人來說，享受好看的劇目之前，唯一要準備的就是爆米花，這些拿著爆米花、坐在安全位置上的觀眾，正是這些平台上最穩固的「共同正犯」。

我嫌棄你，你嫌棄我，所以會有從鬥獸場上離開的人

在鬥獸場上，所有人都嫌棄著其他人。奴隸販子嫌棄和鄙視被自己奴役的人，認為是他們自身的虛偽使其成為奴役，是他們自身的懦弱使其成為奴役；另一方面，奴隸販子也嫌棄那些瞧不起自己、卻邊罵邊要自己繼續的偽善觀眾，於是也虎視眈眈，一逮到機會就要將那些躲在安全位置上的人拖到場中，揭發他們的偽善。

鬥士當然也嫌棄一切，他們討厭那些和自己競爭痛苦程度、試圖把自己逼出場外的其他受苦者。無論是被別人逼出場外或是自己把別人逼出場外，兩者都很討厭，更討厭那些把微不足道之事稱作痛苦的人。對觀眾的嫌惡也差不多，受苦的當事人非常清楚，觀眾是為了觀賞、不是為了解決自己的問題而來。

觀眾亦同。他們嫌棄自己把醜態帶進場的人、視其為虛偽之舉，因此能夠毫無罪惡感地觀賞他人慘況；他們輕蔑把他人慘況擺在台上賺錢的奴隸販子，還說即使為了賺錢也不能做這些骯髒事。除此之外，他們也嫌棄除了自己以外的其他觀眾，嫌他們怎麼能夠靜下心觀賞這一

切。除了自己以外，基本上，人們仇視著所有人。

這個結果，使得對人類的嫌惡支配了這個想用引發關注來建立存在感的戰鬥場域。黑粉雖然是為了引發他人關注無所不用其極的人，但他們也是最輕蔑和嫌棄人類的人。對於那些把他人與自我的苦痛公諸於世才能爭取一些關心的「人類們」，黑粉實在是太嫌惡了，於是在渴求他人關注時，黑粉一邊嫌棄眾人、一邊製造紛爭。

惡性循環就這樣持續發生。黑粉並不認為基於嫌棄大眾而試圖揭發、摧毀別人尊嚴的行為有何問題，也不覺得那些被嫌棄的對象有何需要尊重，於是沒有設定停損點的必要。對他們來說，人類沒有被保護的價值，反而是要被徹底脫光、揭露虛偽，以及被打臉的可憎存在。如此一來，黑粉現象的盡頭就是對人類的厭惡深深扎根，最後所有人都被洗成仇視人類的人。

想要逃離仇恨的惡性循環只有一條路可走，也就是從戰場上退出。有不少人會選擇趕緊從公共場域離開，做此選擇的人，一方面是為了保護自己以免成為黑粉的獵物，另一方面則是不想陷入對人類的仇恨中。因為，光是待在那個場子，坐在奴隸販子旁邊，看著受苦的人不斷想把其他觀眾與他人的痛苦推出場外，這種殘忍的景象很難不使人嫌惡人類。為了保護自己和對人類的憐憫，他們選擇「從場上消失」。

第三部・痛苦的倫理學

關於製造痛苦

1.

有什麼場合能夠闡述自己的痛苦呢？
——關於與痛苦相伴這件事

雖然痛苦本身就令人難受，但無法說出口的事實更令人發瘋。因為不能說出經歷了什麼，所以必然會思緒混亂；又因對方不能準確理解，自己遂忍不住失去理智，但失去理智地大鬧之後，雖然吐出了更多話來，但做完卻又感受到更深的沮喪，因為實在無法用言語來說明這些痛苦。

這就是受苦者所經歷的絕望。明明感受到疼痛，卻無法說明。為了離開那個境地，人們會唸著經文，試圖忽略「痛苦無法被說明」的事實，或是吶喊「我什麼都不需要」，甚至乾脆閉上嘴，只是空虛地笑。

陪伴受苦者的人，必須承受另一種痛苦

還有另一群人也受盡了煎熬，他們是陪伴在受苦之人身邊的人。他們也深陷痛苦，就像陪伴母親的在熙一樣。一開始，母親難過時，在熙認為自己應該盡力安慰她，因此無條件地單方面承受了母親的話語，甚至在母親悲鳴時，哪怕只有一瞬間，她也試著和母親一起承受。當母親陷入沉默時，她則思考著媽媽不知道該有多絕望才會如此，至於無止盡的牢騷，當然是正在承受痛苦的母親很自然的反應。

然而在熙很快就陷入了絕望，因為她無法回應母親的尖叫、沉默，以及抱怨。雖然陪伴者只是單方面聆聽，卻能夠比當事人更快發現自己聽到的東西並非「話語」，而是「聲音」。因為如果聽到的是「話語」，那應該會有話語可以應答，但事實並非如此。在熙就算用心聽進去了，卻沒能回話；而就算回應了，也什麼都沒能傳到母親耳裡。無論在熙回了什麼，母親仍反覆說著同樣的話語。

聆聽者必須一直聽著那些不是對自己說的話，世上沒有什麼比持續傾聽不求回應、也無法

回應的話語來得更悲哀的了。雖然在那一刻，受苦的人會說：「除了你以外，沒有人會聽我說話。」但聆聽者卻很清楚，他們可能對其他人也這麼說。他們需要的，不是一個真正會傾聽和回應的人，而是需要有人在他面前，聽其不斷重複嘮叨。

只是聆聽卻不回應，不能解決問題。當在熙腦袋放空、聽著母親說話時，母親會很振奮地不斷發牢騷，一刻也不得閒，接著再對沒反應的在熙發火，追究她為什麼不發一言而只是愣愣聽著，硬要她回答些什麼。當在熙對此亂了手腳、開始轉移話題時，母親便會嚷著自己很難受，隨便敷衍一下，就繼續生氣。

雖然母親不斷說自己這裡痛那裡痛，但那些話都和真正的痛苦無關，除了自身的難受以外，對他人的不滿也不斷增加。例如她在抱怨膝蓋好痛時，會順便抱怨執刀醫師：「隔壁家的手術做完十幾年了都沒事，為什麼就我這麼悲慘？」嚷著失眠很痛苦時，會一邊酸老公：「你看你爸白天也那麼好睡，難怪那麼健康啦！」沒有人能夠躲開母親的抱怨，母親對自己正在受苦的事感到憤怒，一直找人當傾倒憤怒的對象。

這時在熙才終於知道，為什麼自己覺得聽母親說話很難熬，因為媽媽真正需要的，是一個可以發洩憤怒的人。「如果她只是在敘述自己的痛苦，那應該還聽得下去，但可惜不是……一直聽她對某人投射自己的憤怒，簡直是活受罪，因為她憤怒的對象裡頭，有很多是我愛的人，聽到我愛的人對其他我愛的人宣洩憤怒，真的讓我又絕望，又難受。」

在熙親眼看著母親無差別地宣洩憤怒，破壞了自身生存的世界。母親的親友正在離她遠去，甚至連在同一家醫院接受同樣手術、曾經一度感受「共患難」情誼的病友，也默默離開了。有次在熙媽媽向隔壁病床的老太太抱怨老公時，那位老太太一聽完就罵道：「你這個死老婆娘，別太誇張好嗎？這家醫院除了你以外，有哪個超過八十歲的老公天天來探病？你該感謝才對！」當下母親雖然被嚇到了，但隔天還是繼續抱怨。

母親的世界越被孤立，她的憤怒就越深沉。痛苦的位置是「原爆點」，被核彈轟炸所殘留的廢墟，就是痛苦的所在。在現場，唯一可以確認的事實，就是自身所在之位置是一處廢墟，而在廢墟中能做的，只有吶喊或沉默。這也是為什麼在熙媽媽身邊不管有沒有人，她都只能吶喊和沉默。在原爆點的「中心」，她不得不直視這片廢墟。

不只母親有原爆點，凝視著母親的廢墟同時，在熙的人生也成了另一個原爆點。一方面，她看著心愛的母親的世界被毀滅，並因此感到絕望；另一方面，她也對自己必須經歷和承受這一切而感到惶恐和沮喪。「所有人都走了之後，媽媽對我說：『現在我只有你了。』這句話真的讓我好害怕。為什麼偏偏說只有我、沒有別人呢？爸爸和其他兄弟姊妹都還在，他們也都盡力了啊。」

在熙很快就知道，當其他人都離開時，母親口中的「我只有你了」，並不代表自己被認可。「如果我媽真的意識到身邊只剩我了，應該就會聽我講話了吧？不是要我聽她的命令，而是終於聽得進我說的話，這樣才對吧。但實際上根本不是如此，她只是怕沒了講話和情緒宣洩的管道。即使狀況已經變成這樣，她需要的也不是『我』，而是『隨便一個人』而已。」

說話，意味著要正視聆聽者的存在。當一個人能用這樣的態度說話，不把聆聽者當作隨便的誰，而是那個人本身，那麼，聆聽者即使只是傾聽，也能獲得存在感，因為說話的人正在對「自己」說話，而不是對其他任何人說話。當聆聽者成為這樣的人，你會比自己說話時更能感受到無可取代的存在感，這會讓聆聽者感到開心，也令他們樂於持續傾聽。

而在熙母親的話語消除了聆聽者的位置，她的話語是對「任何人」所說的，在這個場合，聆聽者感受到的，並不是自身存在感的提升，而是對自我的褻瀆。對那個人來說，我不是不可被取代的存在，只是「隨便的誰」，而說話者對「隨便的誰」說的話也不是真正的話語。這些話不期待有人回應，也不尊重聆聽者，更不能打造和聆聽者共存的空間。對聆聽者來說，聽到當事人說「我只有你了」，簡直是一種對自身的侮辱，因為聆聽者很清楚，對說話者而言，自己不過是殘存的「任一聆聽者」罷了。

在當事人的「位置」上，不管是什麼痛苦，都無法被好好說明

這就是為何面臨難以承受的痛苦時，除了當事人之外，陪伴者的世界也會一起崩潰的原因。經歷無法承受的煎熬，會讓當事人陷入自己的痛苦中，只能把身旁的人變成情感的宣洩出口，無法懷抱任何尊重。在痛苦者身邊的人因而隨之成為痛苦的當事人，諷刺的結局就這樣發生了。在熙與其他人見面時，也經常抱怨她的母親，就像母親發洩自己的痛苦一樣。面對著因母親而生的痛苦，因為太難承受了，在熙開始隨意地找人單方面吐苦水。

在這裡，兩人對痛苦所說的話語有著微妙但重要的差異：當在熙談到母親的痛苦時，總希望從別人身上聽到她想聽的話，為了多少減輕母親的痛苦，她也希望從別人身上聽到他們的經驗，因此加入了與母親疾病類似的病患論壇。儘管在裡頭，大家有時也會一股腦兒地抱怨病

痛，但在抱怨中，還是會來回分享彼此的經驗，在實用的資訊裡，又夾雜著彼此鼓勵關懷的發言。因為有這些討論和支持，對在熙而言，那裡的價值便超越了單純的實用性，為她帶來新的力量。

然而，當在熙談到自己的痛苦時，其他人往往無話可說，只是一味要她打起精神。相對地，在熙聽到別人的故事時也是如此。除了聽之外，什麼忙也幫不上，只能作為對方的情緒發洩出口。還算幸運的一點是，聚會中的其他人並不會單方面抱怨。今天你吐苦水，明天就換成我，自然形成輪流的發言模式。當然，偶爾還是會有人破壞這種不成文的默契，開始單方面用力宣洩，當這樣的人出現時，聚會很快就會結束，在這裡，沒有人會想努力成為別人單方面發洩的出口，因為大家都已經相當疲憊了。

在熙的故事帶給我們一些啟發。對於母親的痛苦，在熙可以聆聽，也可以對外分享，但是面對被母親的痛苦投射於自己身上的痛苦時，她卻只能像母親一樣吶喊、唸經，或單方面發洩情緒。在發洩的相互性消失時，她也像母親摧毀自己的世界那般，摧毀了另一個聆聽者的世界。

若是如此，我們在哪裡才可以談論痛苦呢？那個位置不是當事人，而是「周邊」。痛苦不能由當事人述說，必須透過當事人的「周邊」向其他人吐露。如果說深陷痛苦的人因痛苦的絕對性而不再期待他人回應，封鎖了雙方溝通的管道，並因只剩單向的抱怨而破壞了對話時，那麼，只有受苦者周遭的人，才能夠說出期待對方回應的話語，以及能夠被回應的話語。

深陷痛苦的人想要分享的，不是自己的經歷，他只想向周圍「任何一個人」訴苦，要求單方面被聆聽。這些話語並不期待別人回應。既然不期待回應，就沒有什麼可以補充和分享的內容，沒有什麼可以接續下去，也沒有必要繼續。

雖然痛苦的當事人最瞭解自己，或許也尚有能力自己說明，但矛盾的是，當事人的話語裡，缺乏把敘述內容變成一個「故事」的重要要素。一段對話必須透過聽眾的分享和補充才能延續，但因為痛苦的當事人往往只發出讓人無法回答的聲音，也就無法讓其他人分享或補充自己的經驗。就這樣，當事人的話語將所有想支援和分享的行動擋在門外並加以摧毀，只在遺留的空缺上標誌了自身的控訴——也就是聲音。

但是千萬別誤會了，難道陷入痛苦的當事人就絕對沒辦法談論痛苦嗎？一定需要別人的幫助嗎？事實並非如此。這些話語，只是不能在當事人的「位置」上說出口，並不表示當事人不能自己說出來。當事人如果想談論自己的痛苦，就必須從當事人的身分走出，離開痛苦、走到能夠真正說話的地方。因此，當事人站在自己的周邊時，周邊位置就成為當事人能夠說明自己痛苦的位置——話語將在周邊位置發展開來。

透過有助於認識自我的寫作練習，人們將能與自己同行

既然如此，受苦的當事人要如何到達自己的周邊？該如何能夠從哭喊的人變成勇於說話的人？現代社會已經找到了很好的工具來解決這個問題，並將工具普及化，這個工具就是寫作。透過閱讀和寫作，一個人不僅能夠站在受苦的他人身邊，也可以站在陷入痛苦的自己身旁。原本痛苦的當事人只能停留在痛苦的絕對性所打造的位置、只能吶喊，且因為這份孤獨而感覺自己的世界被破壞殆盡，但寫作卻能幫助當事人逃離那個場域，讓當事人站在自己身旁，開口和自己對話，進而重建自我世界。

寫作能夠使人們在其自身的內心建立並認識「自我的多元化」，重建一個被痛苦的不可溝通性而摧毀了外部的世界。對受苦的當事人來說，寫作的目的，是向自己解釋並自我接納，而

非說服別人，這也是為什麼近代寫作的誕生起源於自傳和日記。這類寫作創造了現代主體的個人，亦即既能獨立生活、又能與他人交流的個體。

雖然先前有很多著作討論到這方面的議題，但若想做到這點，我們必須先理解漢娜・鄂蘭所說的「人的條件」，也就是多元性的概念。人與神和動物皆不同，對神來說，祂不需要另一種存在，因為祂本身就是自給自足的存在。而從古典觀點來看，動物為了生存，需要其他存在，但這裡所謂的其他存在也只代表「對象」上的意義，沒有更深層的意涵。獵物只存在其作為獵物的價值，這個「對象」並沒有任何作為「對手」的意義。

但人類的狀況不同，人需要他人，不透過他人就無法反映自身，如同沒有鏡子就看不見自己的臉孔。因為神已達到了完全自我理解的境界，故無需鏡子；而動物不需要瞭解自己，所以也不需要鏡子。唯有想瞭解自己的人，才需要名為「他人」之鏡。

這就是人類存在條件「多元性」的核心概念。我們透過他人來瞭解自我，並透過他人認可，取得存在的意義和價值，但光是這樣仍然不夠，也很空虛。我們很容易就知道，當我們和他人分道揚鑣而陷入孤獨的瞬間，那個曾經認同我、讓我認識自己的人，其實是一種隨時都會消失的存在，因此從那些人身上獲得的認可和對自身的認知，都很虛無，有可能消失得無影無蹤。

到頭來，人們會在獨自一人時，意識到世上還有「勝過別人的他人」，那個人，是就算所有人都消失了、也會永遠留在自己身邊的「他人」，也就是自我。我們必須獲得他的認同，並透過他的反射來認識自身。因此，當一個人獨處時，會發現潛藏在自己內心深處的多面性，也會試圖與自己說話，從中尋求理解。世界上最令人沮喪的時刻，難道不是無法認同自己，甚至不能接受自己的時刻嗎？這是因為人類是具有「自我多元性」的存在。

《個人的發現》這本書曾提到，在現代文藝復興時期，人們對自傳的興趣來自於人們「想瞭解自己、想活得像自己」的需求，因此人們會觀察記錄自己的一切，並加以思考。一個典型的例子是伊拉斯謨（Erasmus），據說曾受多種疾病所苦的他，詳細記載了自身的身體狀況以及所有的喜怒哀樂感受。最重要的是，他不依賴別人，而是自己觀察並反思，他就是自己的觀察家和記錄者。

在這本書中，介紹了三種用自己的方式將自我放在舞台上，並加以分析的案例。文章中有個共同之處，也就是寫作的目的皆非為了向別人展示，除了描寫瞭解自己的過程以外，並不著重於其他焦點，亦非為了引起其他生命的關注，只是全心關照自己。

痛苦是這種自我問題化的寫作中，最重要的主題之一。即使當事人不想要，也仍然會自行將其問題化，這就是痛苦。不只是伊拉斯謨，帕斯卡（Pascal）的一生也飽受各種病痛的煎熬，那些煎熬使他在尋找痛苦的意義和瞭解自己的過程中，不斷檢視、調查，試圖闡明自我，最終完成了對自我的認知，這就是痛苦的唯一價值。

撰寫日記和自傳，就是在完成終於能夠被自己所接受的認知之前，那一段孤軍奮戰之路。近代初期的日記和自傳寫作之所以如此受歡迎，就是因為當時以中產階級為中心的人們開始重視自我意識，才進行了關於自我的寫作。換句話說，這類的自我寫作，是一種在內心世界發展「多元化自我」的過程。如果在不理解這種結構的情況下，單純將寫作詮釋為自我表達和反思的過程，那麼，在近代主體的個人發展中，寫作的意義將被弱化得一文不值。

寫作不僅只是關照自己人生的一種「省察工具」，還可以視為用來打造人類的基本條件——多元性——的「建構工具」。透過寫作，人們可以與自我同行。當一個人有同伴時，人們會將同伴所說的話語投射在自我身上，繼而在回應這些話語的同時，也能夠生產出自己的想法。話語和文字的落腳之處不是「原爆點」，而是「周邊」。在周邊上，會產生話語和文字，而新的周邊又會透過話語和文字再度誕生……以這種方式所打造出的「周邊」，就是所謂的「同行」。如此這般，文字遂能幫助人們與自己相伴。

2.

陪伴受苦的人也需要他人支持
——支持扶助者的方法

對於正深陷痛苦的人來說，絕望之處在於不知道這份痛苦是否有結束之日；對於陪伴者來說，絕望之處則是在於不知道深陷痛苦的人是否永遠擺脫不了絕望、永遠不會回頭看到守護在身旁的自己。痛苦的人總有一天會走出幽谷、打起精神回應自己的那份希望，終究會隨之破碎。要陪在永遠不會給予回應的人身邊，簡直是不可能的任務。

在熙很清楚這個事實，媽媽的身心靈都已衰老，想改變媽媽的心，讓她看看女兒的臉、回應女兒，這件事並不容易。更何況母親過去的人生並不容許她學習改變心態，如果那些年沒有媽媽的執著，在熙一家人恐怕會和大多數的韓國家族一樣，難以進入中產階級。

母親畢生都堅信自己是對的，不可能會錯，如果讓她覺得自己有錯，那麼她便會倒下，這個家也完了。在這種家庭裡面，母親只能是對的。這種畢生懷抱著對自己的確信而走過來的人，怎麼可能因為身體病了，就改變念頭呢？不，甚至會更加不願承認自己身體的變化，認為自己的健康絕對不可能落到這樣糟糕的地步。在過去，整個家是倚靠母親的「頑強」才走到今天，但今天卻是這份頑強，讓母親硬生生地倒下了——在熙認為母親是不可能接受這一點的。

在熙一開始努力想改變母親的觀念，要母親接受自己年事已高的事實，對媽媽想不開的事情也會一一勸慰，拜託她聽聽自己和其他人說的話語。她甚至為此與媽媽吵架，威脅媽媽再這樣就不來看她了，並斷然執行了一段時間——可想而知，這些努力一點效果都沒有。

母親無法逃離痛苦所打的絕望枷鎖，看著這樣的媽媽，在熙也很絕望，不知道自己還能撐多久，對於「久病床前無孝子」這句話有深刻的體會。雖然也數不清有多少次，在熙告訴自己：「假如不能改變母親，那麼，就自我改變吧。」但這其實一點都不簡單。她不知道自己面對這種以愛為名強加在身上的「情緒勒索」還能堅持多久。

痛苦使周遭的人也陷入痛苦，周遭的人也需要他人的陪伴

「撐不下去，就別撐了吧。」在熙的兄弟姊妹對她這麼說。在熙的兄弟姊妹分別各自住在其他地區，之所以由在熙照顧母親，是因為她住得近。兄弟姊妹們都很感謝她的付出，同時也如同擔心母親般擔心著在熙。因為大家都知道，照料母親並不是一件輕鬆容易、看得到盡頭的事情。

他們並不是因為擔心在熙倒下了就得換自己出來照顧母親，相反的，他們把在熙看得跟母親一樣重要，也非常感謝她。只要在熙提出跟照顧母親有關的要求，兄弟姊妹們都會義無反顧地支援，甚至當他們覺得有些照護內容對在熙太過勉強時，還會加以勸阻，怕在熙做了超出能力負荷的事情。若說在熙是在母親的痛苦身邊守護著她，那麼，其他兄弟姊妹則是在守護著身為母親支柱的在熙。

我們應該認真觀察箇中差異，也就是「痛苦」與「痛苦旁邊的痛苦」，兩者之間的差異。正如我先前所描述的，痛苦塑造的絕望永無止境，在這種絕望下，周遭將化為一片焦土，外緣

會被毀壞殆盡。受苦的人既不看對方的臉，也不說需要回應的話。他們只讓陪伴者在身旁像顆石頭似地把話收下來，一個不高興，就因對方沒有反應而發火，而此時又期望對方可以好好接下這份怒氣，也就是對陪伴者的施壓。

對於受苦者身邊的陪伴者而言，想到受苦的當事人可能永遠無法回應，這份絕望感為他們帶來了另一層痛苦。如果說痛苦抹除了他者的存在，那麼，在痛苦身邊只會留下回應被抹除的他者們。然而，在當事人旁邊也受著苦的陪伴者，與當事人不同，他們尚處於可以表達的狀態，仍能分享話語並聆聽對方。

這就是在痛苦周邊的陪伴者以及在陪伴者身旁的人，最大的差異。受苦的人即使身邊有可以代替表達的人，他們也看不到對方，他們不會看著身邊的人說話。相反的，「受苦者旁邊的人」卻還能夠表達，並且也需要被傾聽，當有人回應他們說的話時，他們能夠思考後再回覆。他們會希望有人回應自己，也還能回應對方。如果說痛苦讓當事人跌落深淵、失去了溝通，那麼，在痛苦身邊的人則還保有溝通的力量。

瞭解這種差異很重要，因為站在痛苦身邊時，等於會被要求完成一件不可能的事，因此痛苦會讓陪伴者也一同陷入痛苦。在痛苦旁邊的陪伴者，往往會被迫成為一個只有存在、而無其他的「神」或「植物」，因此，更外圍的人們會希望陪伴者不要成為神，而是回歸到平凡人的角色。能夠打通陪伴者的任督二派、使其回到人類狀態的對象，不是陷在痛苦中的當事人，而是陪伴者身旁的任何人。就像痛苦需要陪伴一樣，痛苦的陪伴者也需要陪伴。沒有陪伴者的陪伴者，沒辦法繼續當一個人。

在熙知道身旁還有兄弟姊妹的陪伴，當所有人聚在母親家中時，兄弟姊妹陪伴在熙的時間比陪伴母親來得多。有時母親會計較：「為什麼你們和在熙在一起的時間比跟我的還多呢？」每一次，兄弟姊妹都堅定地回答：「在熙也需要休息，需要人陪她講講話啊！」

兄弟姊妹的這番話，不單單只是安慰而已，雖然話題往往會從媽媽的病況、動向，以及後續的照護開始，但很快地，談話內容就轉向彼此的生活，特別是分享變老之後的感覺。聊著聊著，有時大家會因為想起往日時光而雀躍，有時會聊起對未來生活的期待和夢想。兄弟姊妹彼此依靠的感覺很好，同時他們也會承諾未來要相互照應。在熙陪伴著母親的痛苦，她的兄弟姊妹們也努力陪伴著她。

有趣的是，在與兄弟姊妹聊天之後，在熙的想法也大有改變。在熙原本因為周遭朋友的母親都相對溫柔體貼，很難接受自家媽媽的情緒起伏如此之大。其中一位朋友的母親一生都在抄寫佛經，還被鄰居稱讚幾乎已經入定成佛，那位阿姨雖然也有病痛，但就比較不形於色。還有另一位朋友的母親因為膀胱問題尿失禁，晚上常跑廁所，卻不太讓人知道。那位朋友告訴在熙，媽媽膀胱出了問題的事情，是媽媽患病好一陣子後，自己才知道的；某天回老家住，當晚看到媽媽一直跑廁所，這才察覺了異樣。問了情形後，媽媽卻只說：「沒事，上了年紀不就都是這樣嗎？」後來在熙的朋友才趕緊帶母親去了醫院。

在熙和兄弟姊妹說起這些時，忍不住抱怨自家的媽媽跟別人都不一樣，多去幾次或少去幾次廁所都不能容忍，實在無法抹去「我媽就是小題大作」的念頭。然而聊完天後，在熙卻改變了想法，覺得朋友母親的狀況反倒更不尋常。「如果我沒有跟兄弟姊妹說起朋友媽媽的事，應該就會覺得奇怪的人是我媽。但和姊姊聊天時，她告訴我，她朋友的媽媽也跟我們的媽媽差不多，這讓我很驚訝。」

姊姊友人的媽媽之中，也有因為子女不順自己心意就拒絕去醫院的例子。在熙聽到時，不自覺地回應：「既然這樣，就不要帶她去呀！」姊姊反問她：「但如果是我們的媽媽說不去醫院，你會怎麼做？」在熙這才承認，一切並不簡單。當她又聽到姊姊說，那位朋友最後是在媽媽面前又下跪又磕頭的，好不容易才把媽媽帶去醫院時，她忍不住有感而發：「這樣比起來，我們的媽媽還算是客氣嘛！」

當陪伴者也擁有支持系統，「同行」的周邊網絡就能建立

這種比較，不僅僅是自我安慰的作用。聽見比自身更不幸的經歷時，在熙不但能覺得自己的情況至少還好些，話題還能轉向討論媽媽那一輩的年代，聊起那個時代的女性過著什麼樣的人生。這也讓在熙反思，母親如果沒有這麼潑辣頑強，不知道能不能熬到如今。雖然這些討論沒有什麼專業知識作為基礎，但光是天南地北地聊天，就足夠讓她聯想起一些小說和電視劇，如果沒有對話，這些事情都會被她遺忘。而不僅僅是兄弟姊妹，在熙還擁有朋友。她說，有個朋友的媽媽抱怨都沒有人聽自己說話，好不容易逮到一隻飛進房間裡的螳螂，就抓著牠講了好一會兒的話。「我媽媽還沒那麼誇張呢！」在熙說。當我告訴她電影《共同正犯》裡真的有人和蝸牛交談的場景時，在熙很驚訝，原來電影跟現實的例子竟這麼相似；她也覺得非常有趣，認為自己和姊姊、朋友以及我的對話內容「很好玩」。

這也是痛苦的當事人和陪伴者之間的區別。痛苦不知道如何傾聽故事，也無法透過傾聽故事來述說及聯想另一個故事，痛苦的故事往往被痛苦的牢騷、感嘆、怨恨以及憤怒所打斷。故事和故事之間的鏈結被切斷了；說故事的人和另一個說故事的人之間的關係也遭到斷絕。所以在這些故事之上，沒有任何可以補充或分享的東西，因此也不好玩。而因為無法延續，便也不算是故事了。

相反的，痛苦的陪伴者還有能力說話和傾聽，所以陪伴者和其更外圍的陪伴者之間，才能有故事的連結與形成。會有其他人補強陪伴者的話語，而在其他人補強的話語之上，又可以延續陪伴者的回應，如此這般，便能形成一段段的對話。這些話語並非命令或禁止，而是可以被補充和共享，並據此往外延伸。這讓聆聽者能夠有思考的空間，所以在熙才會說這些對話很「好玩」。無論我們距離痛苦的核心有多麼近，痛苦本身都無能產生這類事物，唯有在痛苦的陪伴者身上，才能生產出這些「對話」，以及對話所帶來的樂趣。

在熙知道家人很感謝自己，也很努力互相照應，所以每次兄弟姊妹道謝時，她都會回答：「不要這麼說，我是因為做得到才做的，如果哪天覺得做不下去了，也會說出來的。」當然了，她是真的很累，但她總會說：「因為可以跟你們聊聊天，所以到現在都還過得去。」如果陪伴者身邊沒有其他支援，那就絕對撐不了多久。

在熙很清楚這點，從其他同樣陪伴在受苦者身邊的朋友身上，她有深刻的瞭解。參加病友聚會時是如此，聽完周遭親友的故事亦是如此。一般而言，當父母因久病而開始破壞周遭關係時，幾乎所有家屬都會急著躲避，最後只剩一個子女獨自看護。一開始，家屬們都還會感謝在父母身旁親自照料的那一位子女，但隨著時間一久，感恩之心往往就會消失，取而代之的是壓力。其他兄弟姊妹難免對照護者心懷忌憚，擔心對方會不會以他們是唯一陪伴在受苦者身邊的那個人作為理由，來對自己做一些「太過分」的要求，於是開始逃避聯繫，最終關係便跟著疏遠。

如此一來，陪伴者兩側的連結都被破壞了。在一側，受苦者不知道誰正在身旁支持自己，只會一味要求陪伴者在場，卻不停地摧毀他們；另外一側，原本應該支持陪伴者的人也漸漸消失，留在陪伴者身邊的只剩下痛苦。如果情況真如此發展，那麼，痛苦的陪伴者最後就會陷入自己的痛苦而身心俱毀，陷入完全被拋棄的孤獨狀態。這也和原先的痛苦者本身一樣，不只是外在被破壞的孤獨，而是只有表面關係殘存的孤獨。

因此我們需要知道的是，這兩種被痛苦所牽繫的「陪伴者」，以及他們的差異。首先是受苦者的陪伴者，亦即「痛苦」本身的陪伴者。強加在這類陪伴者身上的，是人類無法承受的存在，要求他們在受苦者旁邊、受其折磨，這本身就是一種毀滅陪伴者的暴力。

另外一種，是陪伴著陪伴者的人。痛苦的陪伴者無法和真正處於痛苦中的當事者對話，卻能和自己身旁的另一群陪伴者對話，這就是能夠談論痛苦，並傳達痛苦的場合。當痛苦的陪伴者身邊有人陪伴時，他們就能承受身為陪伴者的壓力，也可以延續關於痛苦的對話，反之，如果只強求陪伴者在沒有支持系統的狀態下堅持下去，陪伴者就會被摧毀。

受苦者本身並不知道「同行」的概念，因此，同行是由陪伴者的陪伴者來完成的。當受苦者跳脫了「處於痛苦的當事人」這個位置，改為站在自身痛苦的周圍時，原本的陪伴者也會往外圍移動，站上原本「陪伴者的支持者」這個位置。這樣的結果，對於原本支持著當事人的陪伴者來說，可以說是最大的喜悅，因此他們終於能開始和當事人對話。換句話說，當痛苦身旁的人有人相伴時，在那身旁的人或許就不會放棄希望，關鍵在於建立痛苦的周邊網絡，以及該網絡外圍，也需要再進一步建立周邊網絡。

3.

從「現在馬上開始」轉為「現在從這裡開始」——媒介痛苦的空間和視野很重要

宣雅告訴我一件不久前發生的事。她帶著母親和朋友到田中散步時，正好看到江邊有一群鴨子在游水，其中有一隻離整群鴨子較遠，宣雅無心說了一句：「你們看，那隻鴨子落單了耶！」沒想到，每個人對此反應都不一樣。

總是覺得人們必須成群結隊的朋友對著那隻鴨子說：「這樣一個人游不好吧，快加入其他鴨子呀，為什麼自己躲在後面呢？」而聽了這些話後，早年總是活得很精采忙碌、年紀大了之後才開始獨居的宣雅媽媽說道：「真可憐，是發生什麼事才被邊緣化了呢？」而另一個結婚後過得很好，也常常自己旅行的朋友卻說：「有什麼問題呢？自己一個人自由自在，不是很好嗎？」

宣雅聽了頗為驚訝，光是對著一隻落單的鴨子，每個人就能有完全不同的想法，這些想法也顯出每個人的生活方式，以及正在經歷的問題。聊完鴨子的話題後，散步的眾人又開始分享自己的過去，沒有人強迫大家表白，也不用看人臉色，若不想說，就不用說。

邊走路邊聊天時，人們自然而然談論起偶然躍入眼底的事物，這些事物成了話題的引子，就這麼順水推舟地展開對話時，大家也不需要直接切入各自的遭遇。當缺乏一個適當的話頭就開始自我剖白時，聆聽者往往會因為必須判斷是否需要迎合說話者或做出其他反應，感受到頗為沉重的道德負擔。既不能隨便帶開話題，也很難偷渡自己的想法，因為沒有中間的介質，所以彼此的價值判斷可能會直接產生衝突。

與此相反的，是邊散步邊聊天。就像「鴨子」一樣，能夠媒合彼此價值觀的話題，其實是數也數不清。看見路邊有花時，有人可能會說：「我好喜歡黃色的花。」並進一步解釋：「不過那麼鮮豔的黃色太有壓力了，色澤太濃烈，我喜歡顏色稍微平淡一點的花。好像連綠色也是，我比較不喜歡太深的綠色，湖水綠就滿好的。」在這段對話的字裡行間，已經隱隱表示了說話者的經驗和喜好。

聽到這段話，大概也沒有人會接著說：「你怎麼可以那樣講呢？」只會說：「啊，你喜歡那樣的顏色呀？我反而比較喜歡華麗鮮豔一點的花呢。」接著就能夠再說明自己為什麼比較喜歡那樣的花。不過，邊散步邊聊天的人都心知肚明，這些對話並不真的與花有關，而是與過去到現在的日常生活軌跡，以及當下的日子有關。

這樣的談話方式，不會在對話、想法以及判斷間造成衝突，沒有衝突地對話，反倒能在對話之間發現自我。「坐下來聊天跟邊散步邊聊天真的完全不同。很奇怪，坐下來聊天的時候，會比較常想要反駁，或是感覺委屈，但是邊走路邊聊天時，就覺得對方的話也有道理，心境反而自在。」

「聽到大家對於鴨子的想法，我真的很驚訝，原來就連看到一隻鴨子，每個人想的事情都不一樣。我也發現，我在看到那隻鴨子的時候根本什麼想法都沒有，所以我也開始思考為什麼我會這樣。」宣雅說，她又因此重新感受到喜悅，一種剛開始透過團體諮商和心靈修養課程所感受到的喜悅——那是基於自我發現和自我思考所產生的喜悅之情。

從「現在立刻」的強迫下解放時，就得以擴大回頭觀照自己的視野

雖然宣雅暫停諮商和心靈修養課程的契機是來自於其他事件的衝擊，但最主要的原因，還是大家交談的內容都流於太過直接的判斷。一開始，宣雅在說些什麼的時候，她總會把其他人的回饋僅當作「其他想法」，但隨著時間過去，她發現那並不是「其他想法」，而是「價值判斷」。

起初，這些想法對於回頭自我反思很有幫助，但時間一長，卻也讓她感到有壓力。當她開始覺得自己的想法是在被人指指點點時，這個念頭並沒有讓她獲得更多思考的餘裕，反而越來越常帶來挫折與自責感，甚至憤怒。同時，她也對自己向別人做出類似的行為感到很有壓力，因此在對話時，她不再想延續話題，反而會很謹慎地中斷對話。每每遇上類似狀況，都令她心情沉重。

當大家一起坐下來對話時，感覺必須非常專心聆聽對方，但實際上卻必須同時專心思考該怎麼回答。這麼一來，人們乍看好像專心在聽，但事實上卻是被迫敷衍了事。因為在這個場合

中，與其說是需要聆聽他人，不如說更需要對他人的說法提出回饋，所以待會兒不管要不要回答，都必須先忙著思考。於是乎，身體很專心在傾聽，心裡卻專注於自己的想法，顧此失彼，導致非常疲憊。

專注於自己的想法，這會是一個問題。因為這些想法是對他人說話內容所做的判斷，與其說會想起什麼具體的事例，大部分時候還是停留在「分辨對錯」而已。在這種情況下，當事人所能做的，不太是發現自我，而是只能在自我防禦和自我反省之中二擇一。自我防禦久了，就會感到空虛，但專注於反省的話，又會陷入「這次我又錯了」的自責中。久而久之，按照別人的方式，距離發現自我的目標便越來越遙遠。

但邊散步邊聊天時，就有辦法既聽對方講話、又專心在自己身上。由於在聽對方說話時，不必馬上說出自己的判斷，因此能夠聆聽好長一段時間，不必像坐著說話時馬上就得要回答。若遇上比較有壓力的話題，聽聽就好，看看街上別的景物也無所謂，因為對方也知道是想一起散步才出來走走，而非為了講話才待在一起的。走路，能作為彼此的想法和對話之間的緩衝。

專心聽完別人講話後，才能專注於自己身上。如果對方說的話很有趣，聽完那番話後，很自然地就會專注於自己的想法上，專注於發現自我時，則通常不太會追究對方為什麼沒有回話。而在自己說完話後，如果發現對方正陷入沉思，也會暫且先停下來，給對方時間思考。在感覺對方因為自己的話語而有壓力時，也比較容易停止並轉移話題，因為不這樣做的話，一起散步的氣氛就會受到干擾。

「世界」製造了坐著說話和邊走邊說的區別。當我們坐下來談話時，所創造的世界僅止於「坐著的人」之間，其外的範圍都被忽略，很少能關照說話者之間「以外」的事物。邊走邊說則不同，說話的人在外部世界「之間」與其他人對話，而因位處外部世界，所以可以停留在對話者之間的同時，仍隨時把目光轉向外界。外界依然存在，但也可以隨時脫離，這就是坐著說話和邊走邊說之間的絕對性差異。

走路可以讓人們把所有可見的東西都拿來當話題，媒介思想與思想、話語和話語，並加以緩衝。不要求對方「現在立刻」回答，讓人們擺脫了「現在立刻」的強迫性，也擺脫了「現在立刻」為彼此的言論做出道德或倫理判斷的壓力。「現在當下」的散步時光中，將兩個人之間的對話從「現在立刻」中解放，也因如此，邊走邊聊天比起坐著聊天更為自由，也更讓人能喘口氣。

走路把對話從「現在立刻」轉變成「當下」。「現在立刻」指的是「即時」，我們談話時，一直處於必須「現在」反應、「立刻」判斷的壓力下，如果不這樣做，就會被認為不會說話，不回答就會被認為是一種拒絕。因此「現在立刻」這種時間概念，剝奪了我們思考的時間，人們必須不假思索地判斷、不假思索地回話，這幾乎被視為是對對方的道義。

在這樣的狀況下，話語不會被導向思想。話語之間不得不互相碰撞，說得越多，就越不能引導說話者自我反思，反而會將他們推往自我防禦的攻擊。在這裡，人們無法透過分享來發現自己新的面貌，也無法省察這個新面貌，更不能自我發現，只能堅守先前已知的自我。

即時交談、思考、判斷總讓人陷入焦慮，必須隨時保持警戒，無法回顧過去或思考未來，而是只能對當下別人給出的東西「快點」做出反應。若不這樣做，便很容易遭到別人的無視，所以更需要即時給出反應。這種即時反應當然不能創造出新的語言。為了快速回應，我們必須依靠既有的語言，不能創造新的；而既有的語言，就是我說的咒語和經文。

在交換關於痛苦的話題時，更是如此。因為對於身處痛苦的人來說，痛苦是時時刻刻都感受到的，因此更希望聆聽者立即做出反應。正因我的痛苦是即時的，所以也希望對方的反應是即時的。身處痛苦的人常常認為對方沒有立即回應就等於無視自己的痛苦，在熙母親的怒氣，便是基於這個理由，因為家人沒有即時面對自己的吶喊。痛苦將受苦之人趕進即時的場域中，同時還把必須對此回應的人們都一起趕了進去。

事實上，正是這一點，使得痛苦的人不會試著出門散步。因為現在就覺得不得不說，而且還希望對方立刻回應，這樣的他們，對於散步所創造出來的「餘裕」和「媒介」感到鬱悶。對他們來說，走路很煩而且沒意義，他們只想坐下來傾吐一切，或者瑟縮在角落長吁短嘆。世界上最困難的事情之一，就是把不停說話的人拉起來，讓他們走出去，因為「現在即時」的痛苦將人牢牢地綁在固有位置上，讓他們離不開座位。

不過，一旦開始走路，事情就會發生一些變化。我並不是說走路是靈丹妙藥，而是指人們應該設法恢復走路所帶來的媒介、緩衝，以及停留或擺脫的能力。在彼此交流的關係中，不能只有互相對話的人們所建立的世界，也需要包含外在的世界，才有可能不至於完全陷入那份關係中。除了散步以外，其他像是料理、繪畫等諸多活動，都可以成為對話時調解、緩衝、延續，甚至脫離對話的方法。像這樣，當人們擺脫了痛苦的「現在立刻」時，其他我們尚能關照的事物才會一一映入眼簾，被痛苦纏身的當事人眼中才能看到其他事物。

儘管可能是暫時的，但因為有其他事物進到眼中，陷於痛苦之人於是能暫時擺脫痛苦的話題，轉為閒聊其他事物。在聊著其他事物的同時，也能夠擺脫痛苦的「現在立刻」所帶來的壓力。正因為從痛苦所帶來的「限時性」中解放了，才能夠回頭關照自我、發現自我，而這種對自我的省察和發現，便是如此這般地必須透過他者的媒介作為緩衝，才能夠實現。

說不出口的痛苦所帶來的孤獨，在人和人之間流通著

當人們從痛苦的「現在立刻」擺脫時，首先會看到的，就是別人的痛苦，而他人的「痛苦」之所以能映入眼簾，是因為受過苦的人最清楚人們如何對痛苦感到不自在，以及受苦是什麼感覺。受過苦的人對他人的痛苦更為敏感。宣雅說她第一次和大家一起走路時，花了更多時間和她們談論自己的痛苦，因為自己是當事人，所以其他同行的人應該好好聽她講話，她覺得在這種場合，與其聽對方講話，更是自己抱怨的好機會。

然而當她和別人一起走路時，卻發現其他人的故事也無意間交錯閃現於自己原本想講的話題中。雖然是老生常談了，但確實家家有本難念的經，只是種類、強度，以及每個人應對的方式不同而已。當宣雅看見別人的痛苦並聽見內情時，她領悟了一些事，那就是所有人都一樣，

每個人都同時遭受了痛苦所帶來的另一層痛苦，那就是「孤獨」。

痛苦讓人們知道，孤獨並不是例外，而是普遍存在於人類之間。只有當我們痛苦時，我們才會知道自己有多麼孤獨。並且由於那種孤獨，我們被深埋於痛苦的絕對性中，自己的痛苦與「現在立刻」綁在一起，使得我們忘了所有的苦難都是絕對的，誤以為只有自己面對的痛苦才是獨一無二。因為這樣，我們深陷於自身的痛苦中。

但一邊走路時，由於對話擁有調解和緩衝的空間，我們會發現你我的痛苦都是如此絕對，並不會因為我的痛苦比你的痛苦程度高，就藐視或破壞對方的痛苦。我們也更清楚地意識到，由於這些痛苦都很絕對，永遠無法與其他人分享，因此會給予尊重。

若說痛苦的「現在立刻」所帶來的壓力，讓人們陷在「只有我很難受，只有我被拋棄了」的想法裡，那麼，一起散步聊天，讓人領悟的「當下」就會將這個念頭轉換成「原來你也很孤獨」。於是痛苦的絕對性所製造出的普遍「孤獨」開始被看見了，人們便可以接觸到他人和世界。在這裡，雖然受苦的人不能說明彼此的痛苦，卻能夠說明在經歷痛苦的過程中自己是多麼孤獨的存在；雖然痛苦不能言說，但我們依然可以是描述痛苦的存在。

這就是宣雅在田野中散步時體會到的道理：我無法向其他人解釋疼痛本身，說得越多就越模糊，總覺得自己說得不好，因此好像不得不放棄到目前為止所做的一切，去尋找別的東西。但就在感覺找到痛苦的語言瞬間，自身的痛苦卻在指縫間流逝了，說得越多越是空虛，最後連說話都覺得麻煩。

但邊走路邊聊天時，主要聊到的話題並不是痛苦本身，而是大家如何經歷這份痛苦；聊天的內容不是關於痛苦的原因或實體，取而代之的，是分享在那些連原因和實體都不明確的痛苦之下，個人如何度過煎熬，我們如何在這個過程中孤軍奮戰。當人們發現彼此都是孤獨的個體，這是很令人安慰的，我們理解到不僅僅是我，其他人都有類似的經歷，就會理解到自己並不是被世界唯一拋棄的人，因此感到被拯救。

當我們聊到自己孤軍奮戰的歷程和孤獨時，對方往往也是如此。聚焦於痛苦本身的話題會將彼此置於絕對之中，相對的，對方的故事會被排除在外；但閒聊著如何度過痛苦的經歷和與孤獨有關的話題，就比較能夠欣賞彼此的故事，讓對方擺脫自己被世界拋棄了的想法，即使是關於痛苦的故事，也能夠比較愉快地分享出來。然而，這可不是用自己的故事去壓制對方的故事，而是去擁抱對方的故事，並加以延續。用對方的故事來補強自己的，對話和對話彼此激勵，進而再度生成新的對話，於是我們才得以瞭解，對話本身一點都不空虛，而是令人欣喜的存在。

雖然我們不能說明痛苦本身，但在痛苦中獨自掙扎的故事，以及有關孤獨的經歷，在對話中很受歡迎。若能以此為基礎，語言又重新成了能夠構築世界的語言。走路使宣雅瞭解，痛苦仍可以透過孤獨的普遍性讓人類重新彼此交流。

4.

寫作能否拯救整個世界？——超越動員的語言，找到「同行的語言」

受苦者因找不到語言描述痛苦而備受煎熬，他們也會好奇其他人在面對痛苦時都說些什麼、如何說；他們更會參考其他人所寫的關於痛苦的文章，學習如何與自己同行。文字讓孤獨的人能夠彼此交流。

古騰堡的印刷革命讓文字不再受限於特定階級，所有人都能運用，從根本上改變了人們自我反思和打造世界的方式。在印刷技術發達以前，受限於物理空間的限制，能夠見面談論痛苦的人，除了少數哲學家和宗教人士之外，大多集中在村落，語言和交流也限於村落之中。這裡沒有讓「其他想法」介入的餘地，一般人只能傳承村落保留下來的語言，並稍作改變。

不過，印刷革命讓人們得以跨越時空，彼此聯繫。印刷技術的發展，不僅推開了近處的事物，還將遠處的思想拉近，將個人從村莊中解放，置於整個世界之中。在那之前，所有在近處的事物都被強迫要追求一致，不允許「其他想法」的介入；遠方的事物則沒有可以靠近的媒介，是印刷革命同時克服了這兩者。遠處的事物被引介至眼前，讓人們接觸各式各樣的想法，憑藉著這種力量，人們因而能夠把原本在近在眼前、要求一致的事物往外推開。接著，就創造出了「我」這個個人能夠介入的空間。

人們為了擁有自己的想法，首先要做的，是從共同體中解脫，印刷術幫助我們達成了這個目的。在各種媒體出現後，他人的想法便開始進入村落，在閱讀他人的想法時，我們會開始對於一直以來作為「世界觀」的區域觀點產生質疑，並隨之思考一直以來自身所懷抱的「想法」究竟是什麼。當人們開始聆聽遠方帶來的消息並討論時，就能超越局限的村落式觀念，展開自己的思考。

隨著人們開始思考自我的經歷，特別是自己對於痛苦的經歷所產生的想法和語言，人們會對兩件事迅速地產生好奇。其一是別人的生活，也就是他人的閱歷，當人們想要擁有自己的想法時，往往會參考已經擁有自身想法之人的作法。許多人開始寫自傳、回憶錄和日記，特別是那些並不為了讓讀者觀看，而是為了自我闡述才寫下的作品，更讓人想要一窺究竟。隨著人們對「自我」的渴望出現，大家最想做的就是闡述自己。

閱讀和寫作就是找到自己的過程。找到自我之前，需要先釐清自己是誰，為此，人們想要瞭解自己經歷了什麼，試圖從中找出意義。而在所有經驗之中，最難理解的無非是痛苦，人們在痛苦中掙扎，想知道為何自己不得不面對這種經驗，從中又可以學習到什麼。

公共領域是近代社會的基礎，在此「高解析度」的文字得以流通

為了理解並說明自己所不理解的苦難，首先要打開的不是「嘴巴」，而是「耳朵」。為了發言就必須傾聽，一個人只能透過他人的話語這面「鏡子」，才能看到自己。必須接受別人語言的幫助，才能順勢提升自己的語言。所以要能夠傾聽他人的掙扎，和掙扎後產生的話語，才有辦法為自己說話。

透過他人這面鏡子，也就是當言語和故事能夠交流時，人們才得以與自我保持一點距離。從「獨處的鴨子」這個例子來看，宣雅便是在別人的對話中產生自我好奇，得以回頭審視自己

的人生，彷彿重新建構了當初痛苦的理由。唯有參考別人的經驗，以他人的語言當成媒介來回顧自身，才能專注在自我身上。

從這點來看，試圖閱讀文字的人就是已經「準備好了」的人。他們準備好要聆聽了，就像法國哲學家讓—呂克・南希（Jean-Luc Nancy）在《別碰我》（*Noli Me Tangere*）一書中所說，是「已經打開耳朵的人」。最重要的是——我必須強調一點：文字並沒有打開人的耳朵，是打開耳朵的人閱讀了文字，並加以思量。至於那些沒有打開的人，無論你想說的事情有多麼容易，都無法教會他們，因為他們並不想學習，世上沒有任何辦法可以教導那些不想學習的人。

而近代有項最偉大的發明，能夠幫助那些已經打開耳朵且願意傾聽的人，使他們不致陷入自身的迷霧，得以專注自身、接受語言學習的接力，這個發明就是書籍與雜誌。透過參考他人的經驗，也就是閱讀書籍，人們學習了寫下自身經歷的方法。與此同時，他們開始思考如何解釋經歷，並接受建議。關於痛苦的種種紀錄中，記載著當事人受盡煎熬後所得到的啟發，以及他們對於此事的進一步剖析。人們閱讀了這些紀錄和解釋，往往會自問：「若是如此，那麼我呢？」

在文字的傳遞之下，人們為了參考他人的經驗和意見來創造自己的語言，打造了活躍的交流空間。而為了闡明自我所付出的努力中，無可避免地需要具備對生命和世界的認識。生命是什麼？人是什麼？生命的意義是什麼？怎麼樣的人生堪稱美好的人生？……這些問題必然引發人們思考那個涵蓋了人生的世界。當個人的世界觀被創造出來時，也會產生對社會的批判意識，這些都會彼此交流。對美好生活的思考，也就延伸出對美好社會的思考。

這就是在現代社會中起著關鍵作用的「公共領域」，參與公共領域的人是公民，透過他們的參與，政治共同體之一的公共領域才得以形成。公共領域有許多層次，所有領域皆融合為一體後，便形成所謂的「社會」。

公共領域的活化是現代社會的基礎，如果公共領域被摧毀了，民主也將被摧毀，政治共同體無法被創造出來，也無法形成。政治基本上是一種意見的競合，因此公民應該提出各種意見、積極地製造衝突。這些衝突雖然從根本上相互敵對分裂，但每個透過「談判和妥協」的瞬間，都會以「共識」之名融合，形成「共同體」，因此公共領域對於創造和維護政治共同體，是極為重要的。

維持和延續政治共同體有兩種方式。一種是獨裁統治，在這裡，公共領域只能使用當權者准許使用的單詞，其他詞彙都被壓制。它的本質是不讓人自由發言的，唯有有權的人可以說話，無權的人只會受到其他發言權的壓迫。

另一種方式，就是所謂的民主政治。在這裡，發言是被鼓勵的，透過說話，讓話語相互比較，其中得到大量支持和合意的一方將會暫時地取得權力。

從這點來看，人們需要的是「學養」。已經準備好聆聽的人可透過閱讀來增廣見聞。日本學者內田樹在〈縝密地劃分表達方式〉這篇文章中，恰當地把增廣見聞比喻為提升區辨率（解析力）。學養的累積豐富了人們對語彙的認知，語彙變得豐富，意味著我們可以更精確地區分我們之前未知的事物。隨著一個人的區辨率增高，看待事物或事件的解析力，也會跟著提高，它使人能夠更生動且準確地捕捉對象和事件的真相，這就是內田樹所說的「學養」。

人們所渴望的正是解析度高的文字。比起自己的想法或是一般水準的文字，有些文字涵蓋了可以掌握更詳細情況的語言，讀得越多，人們越能體會到，想寫出高區辨率的文字非常困難。沒有什麼事情比不痛不癢的寫作更危險了，因為它將破壞人的學識，讓人們模糊地看待世界。人讀得越多，寫作就越慎重，絕妙的文字並不是誰都能隨手寫出的東西。

解析度下滑，鮮豔度提昇的網路「世界」被構築出來

事實上，這種「絕妙感」對一些少數族群來說是種壓迫。它們雖然不需要成為「多數」，但還是要有一定程度的「規模」，且要能夠跨越出版門檻才行。一些少數族群的語言幾乎無法被發表，它們在那道門檻前不斷跌跤、受到打壓，女性是如此，性少數群體是如此，受種族歧視者更是如此。這些人時常覺得無論世界各地都找不到同類，感到孤獨且被孤立。

網路革命徹底擴張了這一部分。從理論上來說，無論我多麼奇怪而與眾不同，都可以透過網路連結起那個和我極其類似的人，無論他在世界的哪一個角落。往昔，在「村落」中被要求同化、被排除在主流語言之外的人，終於能完全跨越時空界限，彼此聯繫和交流。

網路幫助人們超越國家藩籬，並壓縮了世界的時空，但這種由網路打造的「世界」卻從而展開了新的負面效應。當人們和世界某處與自己相似的人聯繫，並在此間安住之時，人們便不再需要其他的世界了。因為離開被壓迫、受支配與被迫妥協的世界、只與「我類」群聚的渴望終於可能成真，於是人們不再需要外界，並把外界視為敵人的孤立世界於焉形成。同類聚集在一起，不再把外界當成一個世界，只是懷有敵意。

這與從印刷技術開始的公共領域概念背道而馳。如果說，印刷是透過與外界不斷地相互作用，才得以使自己與內部保持距離，那麼，網路則是瑟縮在內部，與內部懷抱完全相同的目光，鍥而不捨地仇視外界。這已經不是先前所說，「把近處的東西往外推開，把遠處的東西往近處拉」的狀態，反倒是把近處的存在當成仇人，而過分地把遠處的存在往身邊拉，把它們變成新的「內部」，並且是絕對的內部。於是，連村落都稱不上的「語言的銅牆鐵壁」便就此誕生。

新的內部對外部（也就是世界）所執行的是戰爭，為了展開戰爭，內部的人不該與內部不和，它將因為受到了脅迫，而需要自告奮勇地去做一件事，就是對內部「宣示忠誠」。在與「外界」的戰爭中，必須取得更多的戰果，並對內部表達「忠誠」，透過這種忠誠，可以在內部建立起「聲譽」。在內部會發生的事不是意見衝突的「政治」，而是為了爭取更高聲譽的忠誠競爭。

人們需要戰利品，以便在內部表示忠誠並得到認可、取得更高的名聲。戰利品越厲害，忠誠度評分就越高，名聲也越響亮，就像在真實的戰場上，將帥為了展現戰果而斬下俘虜的耳朵和鼻子、砍下對方的頭，獻給國王。忠誠競爭就是這種戰利品的競爭，內部有越多人為了戰利品而歡呼，當事人就越高興，這是在讓人自信心萎縮的世界裡從未體驗過的快樂，也因如此，人們會自願展開戰爭，來收集戰利品。

在這裡，絲毫沒有其他語言介入的空間，其他語言都該被抵制，這樣的結果，別說閱讀更多書籍以提升個人解析力了，人們的解析力反倒會因此驟降。這就是所謂的「變得扁平的世界」。世人以扁平的角度看待事物，用人、事、情境三維觀點來建構的立體事實受到了打壓，取而代之的，是用善惡二分法下結論。解析度下降了，只有顏色的鮮豔度大幅提升，公共領域的人們不得不選邊站。如果你不選邊站，就會受到譴責，同行的語言消失了，只剩下動員的語言。

當自我表露的勇氣變成愚勇，為了自我保護而消失，是合理的嗎？

真正喜愛語言和表達的人，是無法容忍文字如此消失的。在說話和寫作時，最痛苦的，不是社會不同意自己的話語，而是因為害怕外界的打壓，只能使用解析度低的話語和文字。特別是高解析度的文字因為其複雜性，無可避免地在二分法世界產生了爭議之時，但爭議沒能以爭議告終，它終將成為對人的褻瀆和對存在的威脅，這就導致了人肉狩獵。避免爭議的唯一方法就是不寫，保護自己的最好方法，就是在人們面前消失。

但這樣的消失是否合理？在閱讀和寫作盛放的時代，不斷累積學識、提升語言含金量的人們之所以會開始害怕寫作，不單單只是因為世間的批判，而是擔心自己的寫作會不會不僅無法提升人們對語言的解析能力，反倒造成了干擾。讀得越多、學習得越多，這種恐懼就越深刻。寫作的難處不在於保護自己遠離世界，而是保護世界不受我個人的影響。

這就是法國哲學家皮耶・札維（Pierre Zaoui）在《謹慎》（*La discrétion: Ou l'art de disparaître*）中所提到的消失的技術。在寫作前面，人們常會問：「這些文字真的對世界有用嗎？如果沒有，為什麼要寫呢？對那些必須被砍下來印製成書的樹木而言，豈不是一種罪惡？」人們在自己的文字或書籍問世之前，大多會先自問沒有這些文字，世界是否仍會安然無恙，之後才會思考世界將因自己的作品而產生多大的不同。最重要的，是想知道即使自己消失，世界仍會繼續運轉。

「自己消失了，世界仍會繼續運轉」的念頭，讓人們變得更加謹慎。不是為了保護自己不受社會傷害，而是為了保護世界免於受到自己的傷害。謹慎的人用自己的話語和文字幫助他人和世界，為此，他們想像的不是一個自己必須存在的世界，而是自己可能消失的世界，要能夠想像這個世界，在發言或寫作、行動時，才能更加謹慎。

皮耶・札維曾在其著作中引用了李維・史陀的理論，反駁了禁忌的功能。一般人認為是禁忌保護了「我們」不致受具威脅性的他者傷害，因為人們認為超越禁忌，與「其他事物」互動是危險的。人類學中提到的污染理論是很好的例子，印度種姓制度的基礎也是基於類似的污染理論，從「不可觸賤民」這個種姓的名稱就可理解，印度人認為接觸會帶來污染，為了防止污染，便要拉起警戒線、禁止接觸。

然而世界上亦有完全相反的禁忌，這種禁忌保護當事人不受我們以及世界的威脅。有些游牧文化嚴格禁止人類進入溪流，因為水是生活在草原上的人的命脈，當水被污染時，別說是人類，連動物都會受到致命的傷害，因此這些禁忌旨在保護自然免於受人類所傷。

成為一個瞭解自己威脅性的人，不是為了保護自己，而是為了幫助世界，對寫作的恐懼也是以這種方式來成全世界。

但現在的時局恰恰相反，我們不是要保護世界、讓世界不受我們的語言影響，而是要保護自身不被世界所傷。表露自己的勇氣，成了一種愚勇且充滿危險的事，隱藏自己不是謹慎，而是懦弱的表徵。在我們領悟到：即使不這樣做，世界也會繼續運轉時，對表露自我的恐懼已經從保護世界轉為保護自己，因此我們不得不再次反問：「此時選擇消失，是否合理？」

為了與其他人同行並協助世界，我們需要的是在寫作時「謹慎地表露自己」。但是這點是否能再次實現？舉止謹慎不是為了保護自己，而是為了幫助世界；表露自己亦非基於興趣或吸引目光，而是專心闡述自己的想法有助於幫助他人，減輕他人之苦。透過這一點，世界可以同時得到保護，並產生新的發展。在這個時代，「謹慎表露自己」的技術將取代「消失」的技術，而這種謹慎表露亦能夠受到保護的社會，想必也能夠被建立起來。

參考書目及其雜感

以慎重的閱讀與寫作為目的

在這個時代，有種已經幾乎完全喪失的生活態度，就是謹慎。對事件持著謹慎態度的作為，通常會被批評為懦弱或假中立，這種狀況讓謹慎的人正從公共領域上消失，取而代之的，是能夠激化群眾情感的話題。整個社會的活力都陷入無法挽回的狂躁境界，那些經過謹慎思考，並因而值得聆聽的故事，都漸漸消失了。

至於取代謹慎話題的都是些什麼故事呢？我稱之為快照（Snap-shot），在無意識的社會中，當我們看到一樁事件或一個人時，不再會為了認識其全貌而試圖掌握背後層層累積的歷史脈絡，從中閱讀故事。因為這樣的閱讀方式，需要花上很多時間好好掌握事件前後的連續性歷程，從這個意義上來看，所有閱讀都可以稱作歷史角度的閱讀。

相反的，在這個時代，大眾偏好擷取事件的特徵來推出一個場景，彷彿這個片段就能代表整體的事實；不再需要花時間去探討前後連續性的推移，就像相機能夠毫不遺漏地捕捉當下場景一般，人們試圖在「認為是真相的那一刻」拿出相機捕捉。

這時，真相並不存在於歷史的過程和發展中，而是凝聚在瞬間場景。這個瞬間在歷史上沒有意義，只是顯露了被斷絕在歷史之外潛藏的本質，也就是用銳利度來捕捉當下的場面，並加以揭示，不去理解發展過程。有一部分的人就是透過這樣捕捉短暫場面、揭露本質的方式，成了這個時代下的公知。

取代閱讀的，就是這種粗糙的捕捉，過去挖掘脈絡、掌握事件位置的研究者，被現在的公知給取代了。過去的賢人們以寓言和諺語的形式說話，因為真理本身無法表露，只能以寓言形式表達，然而這個時代的公知，則是用擷取和剝製的方式來顯露本質。過去的賢者認為本質是無法呈現的，現在的公知卻相信本質可以被展現，兩者完全不同。

專注於捕捉瞬間、加以剝製成標本的行為，讓我們的閱讀能力逐漸下降，但仍有越來越多人希望透過這種專注於一瞬的方式，來展示自己的敏銳度。這是在「關注即政治，關注即經濟」的社會上累積資本的好方法。在消費資本主義下，這樣的方式可以節省時間，在無需付出大筆成本的前提下接近本質。在此，敏銳比謹慎更重要，與其抱持謹慎的態度去煩惱該怎麼說話，不如比別人更快更明確地捕捉場景，並且更清楚地揭示出來。

但是正如同貫穿本書的宗旨一樣，如果痛苦是無法被述說的，在處理痛苦時，與其敏銳且鮮明地捕捉場景以展示出痛苦的本質，我們更需要的，是審慎地針對其背景來閱讀和寫作。透過這種處理方式所帶來的文字和故事，能夠更好地掌握受苦的當事人及他們周遭的陪伴者所陷落的情況、能夠幫助他們對生命有所領悟，並且從旁補充和分享，創造出對痛苦有所助益的故事。

❖

在這裡，我將介紹我在撰寫本書的過程中閱讀與提及的，那些深思熟慮的書籍，同時也簡要地介紹我是如何閱讀。因為這些書籍曾在我自以為對痛苦有所理解時，提醒了我或許事實並非如此，需以更小心的態度思考自己是否真正理解。

大部分關於痛苦的書籍是描寫自身痛苦的自傳，作者以自身經驗作為出發，可以避免有心人士煽情地展示他人痛苦並從中獲利。雖然痛苦當然也能被當事人自己拿來展示和消費，但處理他人的痛苦時，還是可能發生更多道德問題。此外，在處理他人的痛苦時，不可避免地要小心對待，但自身的痛苦則可以透過「自白」和「證詞」的形式表現。

在這些自傳型作品中，我想介紹的第一本書是《正午惡魔》。這本書幾乎是一本憂鬱症的百科全書，厚度可觀，是一本盡可能涵蓋了文學、醫學、歷史到最新科學成就的書籍。作者鉅細靡遺地敘述自身憂鬱的經驗，讓人不得不驚嘆他在痛苦纏身的期間竟能完成如此高水準的作品。

在前文中我也提到，我認為把痛苦與受苦之人的關係，比喻為藤蔓與遭其纏繞的枯木，是《正午惡魔》的精華。對受苦的人來說，世界和其他的他者盡皆消失，只剩下痛苦這個他者存在，兩者位置甚至遭到逆轉，痛苦取代受苦的人，成為主體……恐怕沒有比這本書更好的比喻，更能表現這種沉痛的關係。

接著是《在一個病弱的身體內生活》，身為社會學家的亞瑟．法蘭克在罹患心臟疾病和癌症後，採用一種不把自身當作患者，而是身上「有」這種疾病的立場，寫下了此書。這本書批評的是當受害者只被視為一個醫療對象、其語言將被完全剝奪的事實。此外，這本書也敘述了疾病如何全盤改變患者的人生，並講述如何接受變化，如何從中學習。

本書最重要的美德在於，它展現了痛苦不只會破壞當事人的生活而已，當事人的人生或許可能在受到折磨的過程中也被改善了。作者利用自身的經驗，讓受苦的人瞭解到他們需要先改變自己對人生的看法，因為病人往往只關注受到疾病影響、發生問題的身體部位，只在意著病痛，但作為一個活著的人，我們反而需要關注生命的整體才是。

唯有從這種觀點出發，受苦之人才可以把自己想像成一個人，並擺脫痛苦。這也充分說明了亞瑟．法蘭克在描述時所展現了他身為社會學家的典範這件事，對於人類有多麼重要。雖然從破壞了人的主體性這點來看，痛苦本身並沒有意義和價值，但如果受苦之人可以對其他人講述出痛苦的經驗，那麼，他仍能藉此恢復其主體性和存在感。

還有其他書籍，很多是關於當事人在受到痛苦折磨的期間，短暫從痛苦中脫離，並找到專注於自身的機會。如果以本書觀點來形容，也就是作者脫離了痛苦、站在自己的近側觀察受盡折磨的自己時，所寫就的書籍。如果是患有焦慮症的人，那麼，不妨參考史考特．史塔索（Scott Stossel）的《我的焦慮年代》（*My Age of Anxiety*）；而感覺不明就理地受到折磨的人，則可以讀讀笑點豐富的高野秀行作品《腰痛探險家》（腰痛探検家），讓自己暫時獲得些許安慰。

但在閱讀上述書籍時，仍有一些注意事項。最重要的是，這些故事並沒有包含長吁短嘆，只是收錄了一些「還算值得聽」的故事。換句話說，作者們並非若無其事地說出自己在痛苦過程中經歷的「一切」，而是慎重地選出足以和別人分享並有所幫助的故事，加以記錄。此處所說的別人，首先就是受苦者自身以及周遭的親友，還有世界各地的人。無論這些書籍的寫作對象為何，選材都經過慎重挑選，從在寫作時已經意識到他者存在這一點來看，寫作者在字裡行間都非常謹慎小心。

關於痛苦無法被談論的哲學性省察，大部分參考了奧斯威辛集中營倖存者的故事，而在韓國已經很有名的普利摩．李維和讓．埃默里的著作則最具代表性。李維的《如果這是一個人》（*Se questo è un uomo*）以及埃默里的《罪與罰的彼岸》（*Jensits von Schuld und Sühne*）讓人們理解到，流於慣性地賦予痛苦意義並聲稱痛苦有其價值的說法，是多麼安逸而不經思考的態度。喬治．阿甘本（Giorgio Agamben）的《奧斯威辛的剩餘：見證與檔案》（*Quel che resta di Auschwitz. Bollati Boringhieri*）則採用更深刻的角度探討箇中哲學性。

在所有書籍之中，我特別希望大家讀讀李維的另一本著作《反對痛苦》（*L'altrui mestiere*）。

和它的韓文版書名不同，這本書其實不是一本關於痛苦的書，而是關於寫作的書，幾乎很少出現與痛苦有關的內容。透過他讀過的書，以及令他感到好奇而想寫下的主題和對象，我們可以瞭解李維的寫作思路。當熱愛寫作的李維在奧斯威辛集中營期間，幾乎沒有獲得任何一丁點兒值得寫下的經歷時，他究竟失去了什麼、有多麼絕望，這些都能透過閱讀該書，而稍有體會。

李維忠實地遵循亞里士多德的分類來區分話語和聲音，認為文字不屬於聲音而屬於話語，而話語的目的在於傳遞。因此即使可能被誤解，也要以理解為目的來拚命努力傳遞。一旦我們放棄了這種努力，話語就不再是話語，將成為沙漠中無人關切的吶喊和哭嚎。在《反對痛苦》中，李維將其形容為「語義學上的否定」，強調這是「自己已經厭倦了不能形容亦不存在，只能用盡自己如動物般喊叫的極限發狂地去嘶吼」而已，甚至形容為「緊密結合的詐欺犯」。

他所經歷的，難道不是一場最讓人無法言說，除了流淚以外沒有任何語言可以表達，只能如困獸一般地在沙漠中哭嚎的慘劇嗎？難道他不是少數能用自己的人生告訴世人這些經驗永遠沒有用處的人嗎？難道他不是那個最瞭解極致的慘劇如何把人類拖入遠遠壓過寂寞之孤獨世界的人嗎？

然而，他仍相信：「因為活著的人並不孤獨，所以我們不能寫得好像自己很孤獨一樣。」

所以，即使深陷於孤獨裡，他仍然認為寫作不應如此，他將其稱為「寫作之人以及心中有愛之人所應該承擔的責任」。

❖

最終，我也想提出一個問題，是關於那些不分享自身故事、反而書寫他人痛苦的知識分子所處的立場，還有，應該如何寫作。我的意思是，處理痛苦問題的知識分子是否具備更謹慎的態度？知識分子經常表達想幫助受苦者的強烈野心，不管是拿受苦的當事人作為武器，或是協助吸引社會關心痛苦問題並加以解決，他們都希望透過自己的語言來幫助受苦的人，但這是非常明顯的錯覺。

冷靜一點地說，知識分子並不是站在痛苦周邊的人，只是在旁邊暫時停留的人。知識分子在苦難的旁邊進行研究，研究結束後，便會回收語言，返回到原本的位置。就算他們創造的語言放在痛苦的位置上時，有助於解決痛苦的問題，但知識分子原本的位置終究不在痛苦旁邊，而是在自己的實驗室或辦公室，再怎麼時常造訪現場的知識分子也是一樣的。

當暫且逗留之人模仿了在受苦者旁邊長久陪伴之人的行動時，受到攻擊的，往往是長久陪伴在側的人，這是在痛苦的場域中時常發生的狀況。受苦之人通常一開始都很歡迎在社會上握有發言權的人來為其處理問題，不僅在他們尚未有能力建立自身語言時是如此，就算已經擁有了語言，但只要仍然沒能將其傳遞出去，也會是如此。

這時，被往外推的，往往是在身邊守護的陪伴者。曾對陪伴者說「你們都不懂我的痛」的受苦者，會不顧一切地想把話說給知識分子聽；想當然耳，在當權者和知識分子回去之後，他們仍然會對陪伴者說：「對我來說，還是有你在最好了。」這些話往往最接近當事人的真心，而陪伴者也非常清楚這一點，於是總會回應道：「我們當然理解，因為你依賴我們，所以才會那樣說的吧。」

在現場研究與工作時，我看過這種場面無數次，我也看到許多知識分子的文章和主張，它們處理了受苦者的問題，卻忽視了他們身旁的陪伴者。儘管知識分子的話語不見得真的多麼學術，但他們對陪伴者已多多少少建立起的語言，通常絲毫不表示尊重。

在知識分子寫出來以前，受苦的當事人身邊已經有另一種由陪伴者建立的話語存在了，於是這些對先前已形成的話語不表尊重、喬裝成嶄新見解的知識分子的語言，並沒有輔助的功能，反倒只是一種支配。在這些知識分子的話語和文字旁邊，沒有其他話語能夠形成，所以不能被分享出去。這種既無法以輔助形式展開、也無法用分享形式延續的話語，稱不上一種談話。

亞瑟．法蘭克曾說，對受苦之人而言，最需要的東西就是話語，亦即讓他們覺得自己也能夠開口說話的一種表達方式。但同時，也因這是需要對他人傳達的話語，所以需要讓受苦之人更慎重地開口。李維．史陀也曾有類似言論，他說，雖然有必要哭嚎，但無論如何還是只有話語，才是能夠傳遞給他人的。

也因如此，我希望知識分子能夠從自己陪在受苦者身邊的錯覺上退下，取而代之的，是聽聽陪伴者的話語，接收了這些話語後，再去創造下一段敘事。畢竟，儘管會產生爭執，但在爭執的過程中，能夠創造新的故事並加以延續的位置，還是在受苦者身旁。

尾聲

尋找連結痛苦的迴路

《相遇》（만남）這本書，記錄了在日朝鮮時期的韓日思想家徐京植*與韓國哲學家金相奉†之間的對話，我在閱讀這本書時曾經感到非常痛苦。相較於金相奉主張透過共享悲傷來創造會面的可能性，徐京植則用自己經驗的種種事由，來否定了這種可能。在閱讀時，我忍不住想問在他們這般岌岌可危的對談中，我的立足之地何在，又因找不到解答，而鬱鬱寡歡了數天。

* 徐京植（諺文：서경식），一九五一年出生於京都，是「在日朝鮮人」。作為一名韓日思想家，他時常探討日本的戰爭責任及民族主義、殖民主義、弱勢群體等問題。

† 金相奉（諺文：김상봉），一九五八年生於釜山，畢業於延世大學哲學系，為韓國著名哲學家，也被稱為「街頭哲學家」。他批評「學術社會」和「道德教育法西斯主義」為韓國社會最嚴重的問題。

然而透過分擔痛苦以創造新的「共同點」這個理論，現實並未站在金相奉這方，反而更接近徐京植的經驗。正如我在本書中不斷提到的，人的相遇，需要先有談話交流，但痛苦是無法被說明的，因此透過痛苦的連帶關係中，往往只能彼此相視而泣，在埋怨對方「你又知道我的痛苦嗎？」之餘，徒留傷痛。

甚至在同一時空、經歷同樣事件的人，也很難找到痛苦的共同點，更多時候，痛苦甚至打破了原本存在的共同點。唯有在共同點徹底破碎的那一刻，人們才會痛徹心扉地意識到，現實的共同之處並不是他們心中所預期的。從這個觀點來看，共同點的破滅，帶來了更大的痛苦，這對當事人來說是雙重打擊，《共同正犯》這部電影就血淋淋呈現了這個結果。

因此談論痛苦這件事，製造了與「痛苦能否被說明」完全不同的問題。當一個人將自己受到傷害的事實脫口而出的瞬間，可能會陷入共同點將被自己破壞的恐慌中。特別是當痛苦位處的空間，是因舞弊、違法情事，或暴力行為所造成的損害而引發時，受害者往往會基於害怕破壞和諧的念頭而猶豫不決，假如因為自己講出跟痛苦有關的事情，造成共同的毀滅，那種罪惡感會讓當事人面臨新的痛苦。

許多組織會抓著這點，禁止並壓抑內部成員談論痛苦。「只要你閉嘴，大家都會好過」，一句話直接堵住當事人的嘴。而這些害怕自己一開口就可能同時傷害加害者和其他人的當事人，在脅迫之下，通常更是避緊嘴巴、自行退場，在還沒面對「痛苦無法被說明」的事實之前，已經在無法發言的暴力下被抹去。這類暴力最殘酷的一面，是它阻止了受苦的人找到自己的存在。

我們當然必須抵制這種暴力。雖然痛苦無法被述說，但這並不意味當事人不能說出被害的事實，當痛苦的極端點碰觸到了個體的實質存在層面，那麼，無論被害事實造成的痛苦程度如何，我們都必須做出社會性的應對。我們不能讓「痛苦不能被述說」、「不應該談論痛苦」、「以及個人必須要承擔」等言論搖身一變，成為脅迫當事人不對被害事實表態的話語。正如女性學者金賢勇提出的批判，我們應該要能夠區分痛苦和被害事實，必須談論受害事實，並督促社會關注。

然而即使組織不壓制，在某些情況下，當事人仍會因痛苦被說出口的瞬間，立刻面臨了共同群體被破壞的事實，於是刻意迴避痛苦。在我撰寫本書時，從某個人身上聽到了宛如電視劇般的經歷。這位先生在一個偏遠的小島上長大，他小時候有個弟弟，在爸媽回大陸辦事的幾天裡患了熱病，弟弟躺在床上病了好幾天，後來不幸仍舊過世了。他的父母直到回到島上才得知事實，傷痛欲絕之下，在處理完小兒子的喪事之後，他們就把其他小孩連同這位當事人一同送給在大陸的親戚撫養。據說，這是因為他們不想讓其他孩子留在弟弟過世的傷痛環境裡，只要他們一直留在原住處，就會一直想起弟弟的離世之痛。

在那之後，這個家庭再也沒開口談起弟弟的死亡，每個人都活得好像從來沒人離開過一樣，不管是孩子們放假時回島上暫居，或是父母到大陸看望孩子時，都是如此。即使孩子們後來上了大學、結婚生子，在節慶時團聚時也從來沒人提過弟弟的死，幾乎讓人懷疑是否從沒發生過這樣的事件，回憶是捏造的。

然而那場死亡總是矛盾地透過靜默在他們附近徘徊，雖然沒人開口，但大家還是會意識到那場死亡。他們演著一場若無其事的戲，矛盾的是，正如他們仍有必要演戲一樣，他們不得不意識到這場死亡，因為大家都知道，只要有人開口提及，沒有人能承擔這份痛苦。家人們心照不宣地選擇避口不言，因為只有如此，才能不破壞家族「共同體」。

家庭成員成為了彼此的支持系統，但這個系統不是來自分享痛苦的連帶關係，而是基於彼此都清楚不能分享、進而留下的沉默所建立的。因為大家都知道，只要開口提到痛苦的瞬間，彼此就不能再互相依靠了，所以便透過沉默來繼續攜手同行。這和陪伴在熙的兄弟姊妹不同，在熙的兄弟姊妹陪伴在痛苦的當事人——在熙身邊，不斷和在熙交談，透過這種方式，成為在熙的支持團體。但這個家庭裡的所有成員都是痛苦的當事人，他們用沉默來共享這份悲傷，並成為彼此的「陪伴者」。

無論是在熙的故事或這位先生的故事，我們學習到關於「支持團體」——紐帶和關係的可能性，也就是說，連結到痛苦上的紐帶。或者更精確地說，現實中沒有直接連結痛苦的紐帶。如果真能透過痛苦來建立紐帶、建立支持團體，再從這些支持團體上創造故事，那就是要透過「迂迴」的方式才能做到，換句話說，就是透過痛苦陪伴者的支持團體的紐帶，或是透過不能共享悲傷的悲傷，才能建立起來。同行與紐帶，始終距離痛苦有一步之遙，只有迂迴進行，才能實現。

透過這種迂迴，我們才能真正伴隨著痛苦，產生忍受這種陪伴時光的可能性。也就是說，似乎永無止盡的痛苦所帶來的絕望，總算多多少少能被陪伴的喜悅給取代，只要不斷嘗試開始新事物、等候新事物的誕生，就能夠順利結束痛苦。

這一家人後來的故事是這樣的：在弟弟意外死亡的幾十年後，這位先生在某個節日回到爸媽仍住著的小島，並聽說在已經被改建成民宿的老家裡，有個陌生的青年住了進來。這名年輕人偶然來到島上，看到民宿徵人打掃的廣告，便前來應徵，從此就在民宿住下。據說不論是一起吃飯還是睡覺，年輕人和父母生活的一舉一動都非常自然。

「〇〇回來了呢。」「是啊，我也這麼認為。」死去弟弟的名字在幾十年後第一次被家人提起，而那些在漫長的時光裡害怕傷害彼此、被當作什麼也沒發生過的陳年往事，很自然地被說了出來。有一個感覺像是轉世到身邊的孩子，才讓他們自在地把深藏在心裡的名字給說出口了，連同這個「轉世的孩子」，這一家成為了更堅固的「共同體」。

聽完這個戲劇般的故事，我對於什麼時候可以談論痛苦的這件事，有了全新的感受，答案就是當痛苦結束，並有新的事物展開之時。如果沒有全新的事物正在開始，那麼，談論痛苦是荒謬的，正如我在前面反覆說的那樣，毫無價值，所以受苦者選擇不說話。痛苦既然沒有結束，就更沒有理由述說，說得越多，傷口越深，而有此感受的不僅是當事人，還有身旁的其他人。

只有當痛苦結束時才能說出傷痛，只有在有新的開始時，痛苦才能被說出口。所以陷入自己的痛苦、無法展開新事物的狀態下，痛苦不會結束，而除非痛苦結束，否則不可能有新事物誕生。就像那個家庭和彷彿轉世的孩子一同生活後，才能開始談論起另一個死去的孩子，並開始寫一個新的故事。

這和在熙的狀況很類似。母親的痛苦可能不會結束，她一直說著其他人無法回應的話語，也可能始終不期待他人回答，所以母親身旁的在熙所感受到的痛苦，也可能不會結束。然而與此同時，在熙已經和她的手足們展開了一個新的故事，是在熙稱之為「有趣」的故事。雖然倘若能和媽媽分享這些有趣的事，將會非常愉快，但那暫且還不可能，一旦陷入在母親的痛苦裡，在熙就會同時陷入地獄，而每當這個時候，身旁的支持系統便會試圖將她拉起。

至於宣雅，她則是已經從自己的痛苦中走了出來，並能和這份痛苦相伴。從心靈修養課程到持續走路，她開始嘗試許多新事物，在那個過程中，她可以站在自己的痛苦旁邊，自我陪伴。與宣雅同行的對象，並不是真的是在身旁一起走路的人，而是伴隨著痛苦的宣雅自己，因為宣雅站在自己痛苦旁邊的位置，才有辦法和同行者聊天，而透過聊天的內容，她才能發現在自己和世界中的新事物，且因此感到興味盎然。

❖

我長期在人權團體「旁邊」工作，並不是說我真正地在從事人權活動，只是作為一個讀書、聽故事以及捕捉故事意義的人，長期在相關的社會活動周邊徘徊。

在那裡，我常看到許多做久了逐漸感到厭倦的社工。離開的原因有很多，不過，很多案例都是因為當社工站在他人的痛苦旁邊，作為支援者，卻始終建立不了自己周邊的支持網絡。於是在聆聽受苦之人如何在痛苦中打滾時，自己也跟著陷入絕望。和受苦之人同行的時間久了，自己便跟著崩潰了。

在人權團體中會接到無數的電話，都是受苦的當事人或以當事人自居的人打來的，他們時常毫無止盡地希望別人傾聽他們的故事，社工在聽了一兩個小時之後，只要說句：「先生，今天先到這邊好嗎？」隨之而來的就是對方的怒火：「你們不是社會團體嗎？怎麼連話都不聽呢？」還有很多情況不只是說上一兩個小時，有的甚至說上好幾天也不夠，在這個過程中，聽者疲憊不堪，久而久之，最後選擇離去。

打算和痛苦同行的人，並不曉得「痛苦之人不知道自己有人陪伴」這件事，常常是在和受苦者同行多時以後，他們這才發現受苦者並不知道自己的存在。直到自己也因痛苦而落得千瘡百孔，他們才會醒悟，理解了「受苦者不承認有同伴」的事實。因為受苦者不知道有同伴的存在，因而總是會毀掉同伴，並且在這之後，為自己遭受的苦難辯護，試圖再次纏住另一個陪伴者。

因此，打算陪伴苦難的社會工作者，總要承受自己也可能遭受毀滅的風險，實際上也有很多被摧毀了的案例。我長期目睹這個現象，多次自我詰問了我的立場和職責：對於那些打算伴隨受苦者的人們，處於他們身邊的我可以做些什麼呢？特別像我這樣有著寫作、演講、創造語言責任的人——一個所謂的知識分子——究竟可以做什麼呢？

我不認為自己正像他們一樣伴隨著痛苦（受苦之人），我認為我正在與之同行的，是那些陪伴者。縱然他們所面臨的痛苦位置尚未有新事物展開，但我希望我能成為替他們創造新事物的陪伴者，聆聽他們的故事、思考、將其翻譯成其他故事，並歸還給他們，使他們能在上面繼續作出回應，讓新的故事永無止境。

在這樣的煩惱下，我寫成了這本微不足道的作品，藉此獻給辛苦的社工們。

國家圖書館出版品預行編目資料

痛苦可以分享嗎？：不以愛與正義之名消費傷痛，讓創傷者與陪伴者真正互助共好的痛苦社會學／嚴寄鎬（엄기호）著；黃子玲譯. – 初版. -- 臺北市：麥田出版：家庭傳媒城邦分公司發行，民108.10
面；　公分. --（不歸類；155）
譯自：고통은 나눌 수 있는가
ISBN 978-986-344-693-4（平裝）

1. 痛苦　2. 心靈療法

176.51　　108014880

不歸類 155

痛苦可以分享嗎？
不以愛與正義之名消費傷痛，讓創傷者與陪伴者真正互助共好的痛苦社會學
고통은 나눌 수 있는가

作　　者／嚴寄鎬（엄기호）
譯　　者／黃子玲
主　　編／林怡君
責任編輯／賴逸娟

國際版權／吳玲緯
行　　銷／巫維珍　蘇莞婷　黃俊傑
業　　務／李再星　陳玫潾　陳美燕　馮逸華
編輯總監／劉麗真
總 經 理／陳逸瑛
發 行 人／凃玉雲
出　　版／麥田出版
10483臺北市民生東路二段141號5樓
電話：(886)2-2500-7696　傳真：(886)2-2500-1967
發　　行／英屬蓋曼群島商家庭傳媒股份有限公司城邦分公司
10483臺北市民生東路二段141號11樓
客服服務專線：(886) 2-2500-7718、2500-7719
24小時傳真服務：(886) 2-2500-1990、2500-1991
服務時間：週一至週五09:30-12:00・13:30-17:00
郵撥帳號：19863813　戶名：書虫股份有限公司
讀者服務信箱E-mail：service@readingclub.com.tw
麥田網址／https://www.facebook.com/RyeField.Cite/
香港發行所／城邦（香港）出版集團有限公司
香港灣仔駱克道193號東超商業中心1/F
電話：(852)2508-6231　傳真：(852)2578-9337
馬新發行所／城邦（馬新）出版集團Cite (M) Sdn Bhd.
41-3, Jalan Radin Anum, Bandar Baru Sri Petaling, 57000 Kuala Lumpur, Malaysia.
電話：(603)9056-3833　傳真：(603)9057-6622
讀者服務信箱：services@cite.my

封面設計／兒日設計
印　　刷／中原造像股份有限公司

■2019年（民108）10月3日　初版一刷　　Printed in Taiwan.

定價：350元

ISBN 978-986-344-693-4